用于国家职业技能鉴定
YONGYU GUOJIA ZHIYE JINENG JIANDING
国家职业资格培训教程
GUOJIA ZHIYE ZIGE PEIXUN JIAOCHENG

项目管理师

（基础知识）

编审委员会

主　任　刘　康

副主任　张亚男　张婀娜　邱菀华

委　员　杨爱华　邓晓远　宋守信　王亚慧　陈长兵
詹　伟　杨　敏　李英侠　刘伊生　谢小钦
周荣喜　李　森　赵雪锋　陈丽兰　王丽珍
董纪昌　张金兰　杨彦龙　陈　蕾　刘永澎
张　伟

编审人员

主　编　张婀娜

副主编　杨　敏

编　者　张婀娜　宋守信　王亚慧　陈长兵　李英侠
李　森　王丽珍　谢小钦　栾大龙　张金兰

主　审　杨爱华

中国劳动社会保障出版社

图书在版编目（CIP）数据

项目管理师：基础知识/中国就业培训技术指导中心组织编写. —北京：中国劳动社会保障出版社，2008

国家职业资格培训教程

ISBN 978-7-5045-7369-8

Ⅰ. 项…　Ⅱ. 中…　Ⅲ. 项目管理-技术培训-教材　Ⅳ. F224.5

中国版本图书馆 CIP 数据核字（2008）第 195746 号

中国劳动社会保障出版社出版发行

（北京市惠新东街 1 号　邮政编码：100029）

出版人：张梦欣

*

北京世知印务有限公司印刷装订　　新华书店经销

787 毫米 × 1092 毫米　16 开本　7.5 印张　129 千字

2010 年 4 月第 1 版　2014 年 2 月第 7 次印刷

定价：15.00 元

读者服务部电话：010－64929211/64921644/84643933

发行部电话：010-64961894

出版社网址：http：//www.class.com.cn

前　言

为推动项目管理师职业培训和职业技能鉴定工作的开展，在项目管理师从业人员中推行国家职业资格证书制度，中国就业培训技术指导中心在完成《国家职业标准·项目管理师》（以下简称《标准》）制定工作的基础上，组织参加《标准》编写和审定的专家及其他有关专家，编写了项目管理师国家职业资格培训系列教程。

项目管理师国家职业资格培训系列教程紧贴《标准》要求，内容上体现“以职业活动为导向、以职业能力为核心”的指导思想，突出职业资格培训特色；结构上针对项目管理师职业活动领域，按照职业功能模块分级别编写。

项目管理师国家职业资格培训系列教程共包括《项目管理师（基础知识）》《项目管理员（国家职业资格四级）》《助理项目管理师（国家职业资格三级）》《项目管理师（国家职业资格二级）》《高级项目管理师（国家职业资格一级）》5本。《项目管理师（基础知识）》内容涵盖《标准》的“基本要求”，是各级别项目管理师均需掌握的基础知识；其他各级别教程的章对应于《标准》的“职业功能”，节对应于《标准》的“工作内容”，节中阐述的内容对应于《标准》的“能力要求”和“相关知识”。

本书是项目管理师国家职业资格培训系列教程中的一本，适用于对各级别项目管理师基础知识的培训，是国家职业技能鉴定推荐辅导用书。

本书第1章的第1节、第2节、第3节、第4节、第5节、第6节、第8节由张婀娜编写；第7节由张婀娜、宋守信编写；第9节由宋守信、李森编写；第10节由王亚慧编写；第2章由杨爱华、王丽珍编写；第3章由侯燕妮、张婀娜编写。

本书在编写过程中得到了国家职业技能鉴定项目管理专家委员会秘书处、北京华夏精英项目管理咨询有限公司、中国项目管理师网（http://www.cpmp.org.cn）等单位的大力支持与协助，在此一并表示衷心的感谢。

中国就业培训技术指导中心

序

按照中华人民共和国劳动和社会保障部2002年颁布的《国家职业标准·项目管理师》（试行）编写的《国家职业资格培训教程·项目管理师》（以下简称“旧版教程”）已经使用了五年。五年来，项目管理已日益广泛地应用到我国社会各行各业的各个领域中，取得了可喜的成绩。基于五年来项目管理无论在理念、方法与实践上均有很多新的发展，旧版教程已不能适应项目管理发展的需要，故亟待修订。

项目管理既是一种管理活动，又是一门科学体系，即人们以项目活动为研究对象，研究对项目进行科学组织与管理的理论、方法和手段。项目管理涉及的学科知识极为广泛，包括项目管理所特有的知识、一般管理的知识以及与项目相关应用领域的知识，项目管理知识体系就是这些知识的总和。知识经济时代是项目蓬勃发展的时代，发达国家和地区的实践表明，当今人类社会的大部分活动都可以按项目来运作，项目管理正以一种新的思维方式和管理模式渗透到各个领域，成为人类生存和推动社会发展的一种必要手段。为顺应时代发展和实际工作需要，我们在总结旧版教程经验的基础上，结合当今项目管理先进理论，编写了新版项目管理师国家职业资格培训系列教程（以下简称“新版教程”）。

新版教程力求吸收当今世界项目管理知识体系的内容，尽可能覆盖所涉及的全部知识，特别是着力反映那些已被中国实践证明适用的内容。新版教程采用国际通用的术语，同时又注意从中国具体国情出发，用中国人的思维方式和容易接受的语言进行阐述，并做到详略得当、有所创新。应该看到，在当今科技和社会进步突飞猛进的时代环境中，随着项目管理实践的不断发展和学科研究的不断深入，项目管理的内涵会变得更加丰富，项目管理知识体系将处于不断发展之中。

新版教程在《国家职业标准·项目管理师》基础上进行了适当调整与扩充，坚持以职业活动为导向、以职业能力为核心，突出对职业培训和资格认证的适用性。新版教程在表现形式上采用了一种全新的编写风格来讲解项目管理的完整知识体系，同时通过大量案例增加教材的实用性；在内容上采用国际项目管理的最新成就，以期尽可能反映世界范围内项目管理研究的新成果、新动向；在体系上基本沿用了PMI（美国项目管理协会）九大知识体系的结构，但同时又改善了旧版教程使用不便的问题，以项目管理的生命期为主线，依据项目管理在不同阶段的特点，按照先后顺序讲解相关内容。

新版教程改变了旧版教程四个级别合一的编写模式，各级别单独成书，内容由浅入深、逐级递进。新版教程共包括5本：《项目管理师（基础知识）》《项目管理员（国家职业资格四级）》《助理项目管理师（国家职业资格三级）》《项目管理师（国家职业资格二级）》《高级项目管理师（国家职业资格一级）》。与旧版教程相比，新版教程在内容上增加了安全管理和环境管理、项目组合管理、大型复杂项目管理、项目后评价等。其中《项目管理师（基础知识）》增加了项目经理、项目文化、项目沟通管理、项目软件应用等内容，《项目管理员（国家职业资格四级）》增加了安全、健康与环境管理，礼仪基本知识，计算机网络基础知识等内容，《助理项目管理师（国家职业资格三级）》增加了安全管理、职业健康管理与环境保护、项目信息系统基础理论知识、绩效评价方法和项目总结报告等内容，《项目管理师（国家职业资格二级）》增加了项目章程、六西格玛管理、突发事故应急管理、环境污染防治、项目后评价等内容，《高级项目管理师（国家职业资格一级）》增加了战略管理、界面管理、关键链、物流管理、组合管理、质量经营战略、知识管理、项目索赔等内容。

新版教程在组织编写和审定过程中，得到了中国人民大学、北京航空航天大学、北京交通大学、中科院研究生院、北京化工大学、北京建筑工程学院、北京联合大学等单位的大力支持，华夏精英项目管理中心邓晓远、张金兰等同志对本书的编撰提供了大量组织保障工作，特此感谢。

张婀娜

目 录

CONTENTS 国家职业资格培训教程

第1章

项目管理简介

第 1 节　项目管理的发展历程

一、项目管理在国外的发展历程

国际项目管理发展历史大致可划分为 6 个阶段，即传统的项目管理实践，为满足国家重大安全项目需求而产生的传统项目管理，在激烈的市场竞争环境下发展起来的新型项目管理，因信息化和全球化而催生的现代项目管理，在本世纪正逐步形成的战略项目管理和正在形成的通用的项目管理模型，如图 1—1 所示。

1. 项目管理的产生阶段

从人类开始有组织的活动，就一直实施着各种类型和规模的项目，只是人们并未意识到项目管理对社会进步的意义。因此，仅凭个人的智慧、才能和经验去完成任务，根本谈不上科学性和系统性。如埃及的金字塔以及古罗马的供水渠都是人类历史上运作大型复杂项目的典范。但是到 20 世纪初，项目管理还没有先进的工具和方法、科学的管理手段、明确的操作规程和技术标准。

2. 传统项目管理阶段

这一阶段开始于 20 世纪 40 年代。人们开始研究如何管理项目，但尚未明确提出项目管理的概念。那时已开始运用横道图（又称甘特图）和里程碑系统对项日进行规划和控制，比较典型的是第二次世界大战美国研制原子弹的曼哈顿计划。原始的项目管理模型诞生于 20 世纪 50 年代的美国航空航天局（NASA），此后在航天、

项目管理产生阶段	传统项目管理阶段	新型项目管理阶段	现代项目管理阶段	战略项目管理阶段	通用项目管理阶段
由来已久	20世纪60年代初至80年代中期	20世纪80年代中期至90年代初期	20世纪90年代初期至今	21世纪起	正在形成
特点：没有时间和费用的约束	特点：集中在预算、工期等技术上，高度关注三重约束；系统刚性复杂	特点：以顾客满意为中心，扁平化组织结构，增强员工能力/授权，项目管理方法的改进	特点：软技术和硬技术的平衡及知识体系的完善，高管人员的高度关注，现代项目管理方法的采用等	特点：追求项目的创新和高附加值，与组织战略结合，价值管理、项目环境及平台建设、组织项目管理成熟度等	特点：理想、丰富、多元化、具有预见性并易于使用，社会项目管理，等多个方面
应用领域：中国的万里长城，埃及金字塔等	应用领域：主要在国防和建设项目	应用领域：航天航空、制药、汽车等更多的行业	应用领域：IT、高科技、政府、公共机构等几乎所有领域	应用领域：所有行业及组织	应用领域：所有的组织和个人，自我推广

图 1—1　国际项目管理发展 6 阶段

（摘自薛岩《国际项目管理的发展》）

国防、工程及建设领域中得到不断的发展。

项目管理突破性的成就出现在 20 世纪 50 年代。1957 年，美国的路易斯维化工厂每年都不得不安排一定的时间，停下生产线进行全面检修，检修时间一般为 125 小时。后来应用了 CPM（关键线路法）进行科学安排，每次仅用 78 小时就可以完成检修任务。此后，美国海军研制北极星导弹时应用了 PERT（计划评审技术），只用 4 年的时间就完成了预定 6 年完成的项目。

1965 年，以欧洲国家为主的一些国家成立了一个组织——“国际项目管理协会”（International Project Management Association，IPMA）。IPMA 在瑞士注册，由会员国项目管理学会组织组成，目前已拥有来自全世界的 40 多个会员国组织。4 年以后，在美国也成立了一个相同性质的组织，取名为“项目管理协会”（Project Management Institute，PMI），是项目管理专业领域中最大的由个人会员组成的全球性专业组织，会员中包括研究人员、学者、顾问和经理。IPMA 和 PMI 这两个重要的国际项目管理组织的出现，极大地推动了项目管理的发展。

3. 新型及现代项目管理阶段

进入 20 世纪 80 年代，各类项目日益复杂，建设规模日趋庞大，项目外部环境变化频繁，项目管理的应用也从传统的军事、航天逐渐拓展到建筑、石化、电力、水利等各个行业，成为政府和大企业日常管理的重要工具。

1976 年，PMI 提出了制定项目管理标准的设想。经过近 10 年的努力，1987 年推出了项目管理知识体系指南（Project Management Body of Knowledge，PMBOK）。该模型的提出为项目管理作为一门学科和其专业化在全球得到迅速的推广和普及作出了贡献，是项目管理领域的一个里程碑。PMBOK 又分别在 1996 年和 2000 年进行了两次修订，使该体系更加成熟和完整。IPMA 从 1993 年开始着手，1996 年推出了 ICB（IPMA Competence Baseline），制定了项目管理能力基准，1999 年发布了第二版，2005 年第三版正式发布。ICB 提出了对项目经理、大型项目计划经理、项目群组经理以及项目管理人员的能力要求。

4. 战略项目管理阶段

从 21 世纪起项目管理进入了一个新的阶段，即战略项目管理阶段。日益激烈的竞争形势对项目管理提出更高的要求，有必要将复杂的社会、经济与商业问题视为组织项目来考虑，战略项目管理模型也因此应运而生，成为一个面向社会和商业的项目管理。战略项目管理模型强调寻求创新以及项目之外所带来的增值价值，通过多项目管理、项目群组管理与项目管理等方式将组织战略与项目有机结合起来。

5. 通用项目管理阶段

这一阶段目前正在形成，这一阶段的特点是理想、丰富、多元化，采用具有预见性并易于使用的方法。项目管理正以一种全新的思维方式和管理模式渗透到各行各业，可以说项目管理是无处不在，并深入人心。

当前，国际项目管理的发展趋势是：全球化、多元化、专业化、标准化、信息化以及职业化。

二、项目管理在中国的发展历程

项目管理在中国的发展与国外有很多相同之处，在项目管理产生阶段，主要凭人的意识、智慧和才能进行管理，如中国古代的万里长城、都江堰水利工程、京杭大运河工程等的建设都具有项目管理的雏形。

20 世纪 50 年代，我国开始了第一个五年计划的建设，规划建设 156 个大型项目，并对投资、工期和质量进行控制。156 个大型项目最终顺利完成，为国民经济的发展奠定了基础。

华罗庚教授于 1965 年引进了网络计划技术，并主持推广工作，他根据“统筹兼顾、全面安排”的指导思想，将这种方法称为“统筹法”。由于华罗庚教授的有力推动，网络计划技术在我国工业、农林和建筑等行业得到了广泛的应用。网络计划技术使项目管理更加充实和完善。

20 世纪 60 年代初，我国老一辈科学家钱学森等致力于推广系统工程理论和方法，十分重视大型科技工程的项目管理。多年来许多大型工程相继应用了系统工程管理方法，如上海宝钢工程、北京电子对撞机工程、秦山核电站工程等。

20 世纪 70 年代到 80 年代，我国的项目管理从理论、工具技术和方法上都得到进一步的发展。项目管理应用的范围不限于建筑工程和国防工程，在化工、石油、金融保险、能源交通、电子信息等领域得到广泛的应用。

进入 20 世纪 90 年代以后，项目管理在我国得到了飞速的发展，现代项目管理的理论和方法研究不断完善，开始建立了中国的项目管理体系，高等院校开展了项目管理的学科建设，劳动和社会保障部组织了项目管理师职业标准的编写。项目管理的应用更是取得了巨大的成果，如鲁布革水电工程、三峡水利枢纽工程、神舟载人航天工程。

三、项目管理实践与应用展望

1. 项目管理应用领域的多元化发展

国防工业和建筑行业是我国应用项目管理比较早的两个行业领域。近些年来，随着科技的发展、市场竞争的激烈，项目管理的理念、模式和方法已经渗透到社会各行各业各个领域，成为生存和发展的一种必要手段。

2. 项目管理向规范化发展

进入 21 世纪以来，我国政府和各大部委也相继出台了项目管理制度和规范，进一步促进了国内项目管理的规范化发展。

2001 年 1 月，科学技术部为规范国家科技计划项目管理，提高科技计划项目管理的效率，保证科技计划项目管理的公开、公正和科学，颁布了科学技术部第 5 号令《国家科技计划项目管理暂行办法》。

2002 年 1 月，建设部委托中国建筑业协会工程项目管理委员会组织编制的《建设工程项目管理规范》（以下简称《规范》）开始在全国颁布实施，该《规范》在 2006 年又进行了修订。该《规范》是实践经验的高度总结和理论研究的进一步提升，也是我国建筑业企业首部专业内容全面、适用性强、具有重要指导性的管理规范。它的实施进一步深化和规范了工程项目管理的基本做法，促进工程项目管理科学化、规范化和法制化。

2002 年 10 月 1 日，国家信息产业部为规范行业管理，提高计算机信息系统集成项目管理水平和项目建设质量，开始实施《计算机信息系统集成项目经理资质管理办法（试行）》，开展对系统集成项目经理进行培训和考试认证工作。

2006 年 2 月，国家发展和改革委员会为进一步规范管理国家高技术产业发展项目，制定了《国家高技术产业发展项目管理暂行办法》，用于规范管理国家高技术产业发展项目，促进高技术产业健康发展，提高产业核心竞争力。

3. 学历教育与非学历教育竞相发展

教育部和国务院学位办于 2003 年批准项目管理领域工程硕士的试点工作，该学位也成为国内首次确定的项目管理专业学位。多家学校开展了工程管理本科学位教育和管理科学与工程专业项目管理方向研究生的培养。目前各种类型的项目管理培训班如雨后春笋，蓬勃发展。

4. 项目管理资格认证迅速发展

无论是劳动和社会保障部的项目管理师资格认证，还是由美国项目管理协会（PMI）发起的项目管理专业人员资格认证，还是国际项目管理协会（IPMA）推行的四级（A、B、C、D）项目管理专业资格认证，这些年都得到了迅速发展，出现了证书热。

第 2 节　项目管理职业资格认证

对项目管理人员进行资格认证是国际通行的做法，它起到了规范项目管理行业秩序、促进其发展的积极作用。

一、美国的认证制度

美国的项目管理协会（简称 PMI）创建于 1969 年，是一个国际性的学会，它致力于向全球推行项目管理。PMI 的资格认证制度从 1984 年开始，凡是通过认证的人员就有资格成为项目管理专业人员（PMP）。项目管理的认证程序是由 PMI 发起的，申请者必须达到 PMI 规定的所有教育和经历要求，并通过项目管理专家认证考试，才能获得 PMP 证书。PMI 的项目管理专业人员认证同 IPMA 的资格认证有不同的侧重，它虽然有项目管理能力的审查，但更注重知识的考核。

二、国际项目管理协会（IPMA）认证制度

国际项目管理协会成立于 1965 年，它的目的是促进国际间项目管理的交流。国际项目管理协会 IPMA 在其成员国英国、德国、瑞士、法国认证体系的基础上

发展了一套ICB（国际项目管理资格标准）体系。ICB为项目管理提供了技术、行为以及背景等方面的专业能力要素。该体系建立了一个对项目管理人员通用的四个等级的证书制度，通过一定的认证程度授予D、C、B、A四级证书，即认证的助理项目经理、认证的项目经理、认证的高级项目经理、认证的特级项目经理。IPMP是对项目管理人员知识、经验和能力水平的综合评估证明及能力证明是IPMP考核的最大特点。

三、我国的项目管理资格认证

劳动和社会保障部在2002年颁布了项目管理师的国家职业标准，2007年又对标准进行了修订。国家项目管理人员职业资格共分四个等级，分别为项目管理员（国家职业资格四级）、助理项目管理师（国家职业资格三级）、项目管理师（国家职业资格二级）、高级项目管理师（国家职业资格一级）。鉴定方式为理论知识考试和专业能力考核，均采用闭卷考试或上机考试方式。高级项目管理师还要撰写项目管理方面的论文，并参加论文答辩。

中国项目管理师是一种对项目管理专业人员知识、经验、能力水平和创新意识的综合评估证明，具有广泛的认可度和专业权威性，代表了当今国内项目管理专业人员资格认证的最高水平。

项目管理师认证的特点主要表现在以下几个方面：

1. 具有专业资格认证的权威性

中华人民共和国人力资源和社会保障部是唯一具有颁发国家职业证书职能的权威机构。

2. 具有系统、完善的认证标准

项目管理师国家职业资格认证是一套系统全面的认证体系，它将知识和经验分为若干个核心要素及若干个附加要求进行考核。中级以上还需对应试者的专业素质、能力水平以及总体印象等各个方面进行综合考察。

3. 资格能力的划分更为科学

项目管理师把项目管理人员的专业水平分为四个等级，即项目管理员、助理项目管理师、项目管理师、高级项目管理师。每级证书分别表明了项目管理专业人员的执业资格水平。

4. 培训考试体系完整

项目管理师的培训考试采取标准授权方式，所有培训考试定点机构均需经过人力资源和社会保障部国家职业技能鉴定中心项目管理专业资格认证管理办公室审核、考察及认可。所有申报人员均需经过授权机构统一培训、统一考核及全国统考，从而确保了项目管理师证书的质量和含金量。

5. 认证程序严格、系统、完善

项目管理师的认证程序对每一级都有严格的要求，采用的是“培训考试＋全国统考＋业绩评估”的认证模式，保证了认证的公证、透明和有效性。

6. 项目管理专业人员执业求职的通行证

项目管理师证书是项目管理人员求职、任职、执业和发展的一张通行证，是国内各企事业单位招聘人才的重要参考和依据，国家承认，在全国范围内有效。

第 3 节　项目与项目管理

一、项目的概念

1. 项目的定义

项目具有独特的过程（一组将输入转化为输出的相互关联或相互作用的活动），有明确的开始和结束日期，由一系列相互协调和受控的活动组成。过程的实施是为了达到规定的目标，包括满足时间、费用和资源等约束条件。

对上述定义要作如下说明：

（1）单个项目可作为一个较大项目结构中的组成部分。

（2）在一些项目中，随着项目的进展，其目标需要修订或重新界定，产品特性需要逐步确定。

（3）项目的结果可以是一种或几种产品。

（4）项目组织是临时性组织，在项目生命期中存在。

（5）项目活动之间的相互影响是复杂的。

2. 项目的基本要素

从项目的定义中可以揭示出构成项目的最基本要素，包括：

（1）项目的总体性

从根本上说，项目实质上是一个系统，即项目是由若干个部分构成的，而这些部分又是互相联系、互相制约的，并作为一个整体发挥作用。缺少任何一个部分均会影响项目的整体效果。

（2）项目的共性

项目也像其他任务一样，有时间、资源、质量等方面的约束因素，即项目只能在一定的约束条件下进行。这些约束条件既是完成项目的制约因素，也是项目管理的条件，更是对项目管理的要求。传统项目管理对资金、时间、质量的要求称为“三大目标”，现代项目管理也仍然针对三大目标提出要求。

（3）项目的过程

一般项目由两种类型的项目过程构成，一种是项目实现过程，即指由为完成项目产出物而开展的各种活动所构成的过程；另一种是项目管理过程，是指由在项目实现过程中所开展的项目计划、决策、组织、协调和控制等方面的活动所构成的过程。项目是必须完整的、一次性的、临时性的、有限的任务，这是项目过程区别于其他任务与活动的基本标志，也是识别项目的主要依据。不同项目的持续时间可能是不同的，但它们所经历的阶段和过程是相同的或类似的，而且这些阶段和过程也反映了项目的内在规律。

（4）项目的结果

项目都有一个特定的目标或称独特的产品或服务。任何项目都有一个与以往、与其他任务不完全相同的特定的目标。例如，对原有产品的工艺或性能的改进。这一特定的目标通常是在项目的初期设定的，并在其后的项目活动中逐步实现。如果任务及其结果是完全重复的，那它就不是项目。

3. 项目的特点

（1）独特性

即使所提供的产品或服务是相类似的，但每个项目的地点、时间、内部和外部环境、自然和社会条件都会有所不同，因此其过程总具有自身的独特性。独特性是项目可交付成果的一种重要特征。另外，即使是相类似的项目产品或服务也总是在不断地更新和完善。例如，这些年全国各地盖了很多住宅楼，这些住宅在功能上有共性，但又都具有各自的特性，这是因为不同的业主、开发商、设计者以及项目所处的位置和景观不同，要求、标准不同而形成塔式楼或板式楼，高层或多层等多种形式的住宅。

（2）目的性

任何一个项目都必须预先设定组织的目的和项目的目标。不同的项目有不同的目标，目标不明确，必然导致项目管理的混乱。这些目标包括两个方面，一是度量项目工作本身的目标，二是度量项目产出物的目标。例如一个软件开发项目，项目的工作目标包括软件的开发周期、成本、质量、文档化程度等，项目产出物（软件产品）的目标包括软件的功能、可靠性、可扩展性、可移植性等。

（3）一次性

一次性是项目与其他重复性操作、运行工作的最大区别。项目有明确的起始时间和终结时间，起点是项目的开始时间，终点是项目目标已经实现的时间。项目的一次性与项目持续时间的长短没有必然的关系，但任何项目都是有始有终的，都有自己的生命期。当然项目的生命期与项目产出物的生命期是不同的，多数项目的时间相对而言是短暂的，而项目所创造的产品或服务则是长期的。它既包括项目开始前的经营计划，还包括项目完成后的日常经营或运营。这主要是因为项目是一次性的，而项目产出物的使用和运营则是重复性的、长期性的。

（4）制约性

项目在一定程度上受到各种客观条件的制约，其中最主要的制约是资源的制约，包括人力资源、资金资源、时间资源、技术资源、信息资源以及物力资源等各方面的制约。

（5）不确定性

首先，项目的不确定性主要是由项目的独特性造成的，因为项目要具备独特性，往往需要在不同方面进行不同程度的创新，而创新就包含着各种不确定性；其次，项目的一次性也是造成项目不确定性的原因，因为项目活动的一次性使得人们没有改进的机会，因此增高了项目的不确定性；再次，项目环境多数是开放的和相对变动较大的，这也是造成项目不确定性的主要原因之一。

（6）临时性和开放性

项目开始时要组建项目班子，项目执行过程中成员和职能在不断变化，甚至项目的某些成员是借调来的。当项目的目标已经达到，或该项目的必要性已不复存在并已终止时，项目即达到了终点，“班子”要解散，人员要转移。参与项目的组织少则一两个，多则几十个，甚至上百个，它们是通过协议、合同等方式组合在一起。项目没有严格的边界，有时甚至是模糊的和开放的。

（7）成果的不可挽回性

项目不能像其他的事情做坏了可以重来，也不可以试着做，而是必须确保成功，一旦项目失败了就永远失去了重新实施原项目的机会。这是因为项目在特定的条件下，各种资源的使用是受到一定限制的。

4. 项目的分类

（1）按专业分类

按专业可分为石油化工项目、冶金机电项目、航天航空项目、IT 项目、交通运输项目、建筑工程项目、水利水电项目、轻纺项目、环境保护项目等。

（2）按用途分类

按用途分类，可分为生产性项目和非生产性项目。

生产性项目包括工业项目和非工业项目。工业项目包括重工业项目、轻工业项目等；非工业项目包括农业项目、IT 工程项目、交通运输项目、能源项目等。

非生产性项目包括居住工程项目、公共工程项目、文化体育项目、服务项目、基础设施项目等。

（3）按投资主体分类

按投资主体分类，有国家政府投资项目、地方政府投资项目、企业投资项目、三资（国外独资、合资、合作）企业投资项目、私人投资项目、各类投资主体联合投资项目等。

（4）按内容分类

按内容可分为建造一座大楼、一座工厂或一座水库，举办各种类型的活动，如一次会议、一次晚宴、一次庆典等，新企业、新产品、新工程的开发，演出、影视剧拍摄，进行一个组织的规划、规划实施一项活动，组织一次旅行、解决某个研究课题、开发一套软件等。

二、项目管理概念

1. 项目管理的定义

在项目活动中运用各种知识、技能、工具和技术，对项目进行有效的策划、组织、监测和控制，以实现项目目标的过程。

2. 在我国推行项目管理的意义

（1）便于与国际接轨，提高国际竞争力

项目管理已被世界上众多国家证明是一种成功的管理模式，而且 21 世纪将成为项目管理的新时代。不论是美国项目管理模式，还是欧洲项目管理模式，均是较成熟的管理模式。我们已吸取了其中成熟的内容和先进的方法，并遵循国际惯例，从中国的实际出发，充分体现了中国特色，有利于提高我国在国际市场中的竞争力。

（2）提高我国项目管理水平

新中国成立后众多大型项目的建设成功，为我国的经济建设立下了汗马功劳。但总结几十年的经验可以看到，有些项目经济效益不够理想，原因虽是多方面的，但主要是因为不按客观经济规律办事，不注重效益等原因造成的。提高项目管理水平已成为刻不容缓的事情，要建立和健全项目管理的制度，采用先进、科学的管理方法和手段，提高项目管理的科学性和有效性。

（3）推进项目管理职业化

我国从事项目管理的人员究竟有多少，尚无准确的统计数据。建设部从1992年开始对项目经理进行培训，实行持证上岗制度，至今已有几十万人取得了项目经理资格证书。项目管理人员资格认证是项目管理从业领域的职业资格证明，也是项目管理从业人员的一种从业能力证明。劳动和社会保障部颁行的国家职业标准《项目管理师》体现了以职业活动为导向、以职业技能为核心的特点，符合培训、鉴定和就业工作的需要。

3. 项目管理的要求

（1）对项目的要求和期望

对项目的要求和期望是项目利益相关者所共同要求和期望的内容，主要涉及项目范围、项目费用、项目时间和项目质量等方面。

（2）项目利益相关者各方不同的要求和期望

由于项目利益相关者所处的地位不同，所以对项目的要求和期望也不同。例如，项目的实施者为尽快实现项目目标，有可能对环境保护问题考虑不周，甚至未加考虑，而项目所在地区、政府管辖部门则对环境保护的要求很严。

（3）项目已识别的要求和期望

项目已识别的要求和期望是指在项目的各种协议、合同中已明确规定的对项目的要求和期望。例如，项目的工期、成本、质量要求以及对项目具体工作的要求和期望。

（4）项目尚未识别的要求和期望

项目尚未识别的要求和期望是指在项目各种文件中没有明确规定，但却是项目利益相关者所需要的。例如，潜在的环保要求、残疾人的特殊需要。

4. 项目管理的目标

仅能识别项目利益相关者的要求和期望是不够的，一定要将上述要求和期望转化为明确的项目目标。项目经理和项目团队必须通过项目目标对项目各部门及全体成员进行领导，只有各部门和全体员工都完成了自己的分目标，项目的总目标才能实现。

时间、费用和质量是项目的最主要的目标。高质量的项目应该能够在预算内按时提交满足要求的产品、服务或成果。三大目标之间既有联系又互相制约，如果三个目标之一发生了变化，其他因素将会受到影响。

5. 项目管理知识体系

项目管理知识体系包括项目管理知识与其他管理学科重叠的知识，如图 1—2 所示。

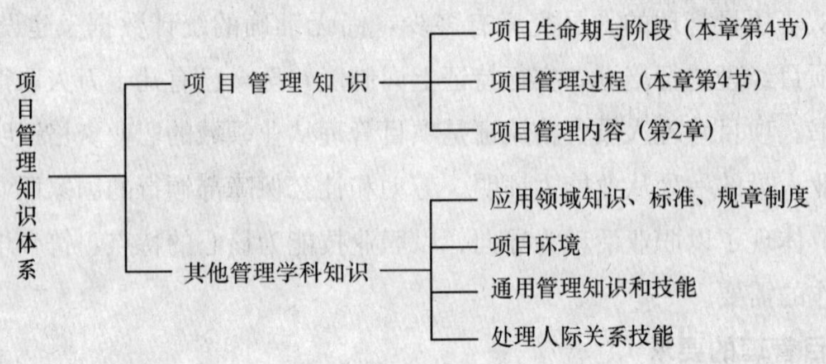

图 1—2　项目管理知识体系

(1) 应用领域知识、标准、规章制度

不同的项目分别属于不同的应用领域，每个应用领域均有各自的专业知识、技能，不掌握项目所属领域的专业知识、技术是无法使项目获得成功的。每个应用领域都有必须执行的标准，标准分为国家标准、行业标准和企业标准，此外，政府机关、企业、项目组织还规定了必须遵守的规章制度。

(2) 项目环境

所有的项目都是在一定的政治、经济、社会、技术和自然环境下规划和实施的。项目环境是在不断地变化的，因此，必须认真分析其有利方面，把握机遇；同时也应善于识别不利方面带来的风险，并找出对策。

1) 政治环境。政治环境包括国家政治体制、政局的稳定性和政策的稳定性、国际关系、法制体系等。

2) 经济环境。经济环境包括经济发展状况和发展速度、市场规模、市场完善程度、经济政策、货币和物价的稳定状况等。

3) 社会环境。社会环境包括教育水平和人口素质、语言、文化传统（道德、习惯、思维方式）、宗教信仰、社会心理等。

4) 技术环境。技术环境包括项目所使用的设备、工具、工艺、原材料，人员的技术水平等。

5) 自然环境。自然环境包括自然资源、气候条件、地形、地质、地理位置等。

6) 其他环境。其他环境包括同行业的竞争、消费者的购买力、购买行为、资源占有情况等。

(3) 通用管理知识和技能

掌握通用管理知识和技能，对项目经理是十分重要的。通用管理知识主要涉及财务管理与会计、采购、市场营销、合同管理、物流管理、战略管理、组织结构、组织行为、职业健康与安全、信息技术等。

(4) 人际关系能力

正确处理人际关系也是项目管理人员所必须具备的技能，包括有效的沟通、谈判能力，解决问题和进行冲突管理的能力，讲究领导艺术，善于鼓励和激励能力等。

第 4 节　项目阶段和项目生命期

一、项目阶段和项目生命期的概念

项目从开始到结束可以划分为若干阶段，这些不同的阶段先后衔接起来便构成了项目的生命期。项目生命期一般划分为 4 个阶段：启动阶段、规划阶段、实施阶段和收尾阶段。这 4 个阶段按照一定的顺序排列，并构成了项目的实施过程。项目实施过程的四个阶段既有联系，又互相作用和影响。由于项目种类繁多，所以项目生命期的长短和具体阶段的划分会有差异。小项目的生命期只有几个小时或几天，而大型项目的生命期可能要几年或十几年；小型项目的前两个阶段可合并为“构思阶段”，而大型复杂项目可划分为六七个甚至十几个阶段。

二、项目阶段特点和项目生命期特点

1. 项目阶段特点

(1) 项目阶段完成以可交付成果为标志

可交付成果是可以度量、可以核实的工作成果。当项目阶段完成时，其可交付成果可以是一个也可以是多个，如可行性研究阶段的可交付成果是可行性研究报告，项目施工阶段装饰工程的可支付成果是铺装好的地面、安装好的门窗、粉刷好的墙面等可交付物。

(2) 审查交付物是项目阶段结束的标志

审查交付物的目的是确定项目是否可以开始进入下一阶段。

(3) 用事先确定的标准衡量交付物

衡量不同的可交付成果的标准是不同的，因此在每一阶段开始前就应明确用何种标准，如对项目可行性报告审查的标准是国家发展和改革委员会发布的《投资项目可行性研究指南》和《投资项目经济评价参数》等。

2. 项目生命期特点

（1）项目资源投入

项目开始时费用和人力的投入少，以后逐渐增加，在项目的实施、控制阶段达到最高峰，此后又逐渐下降，直至项目终止。如图 1—3 所示。

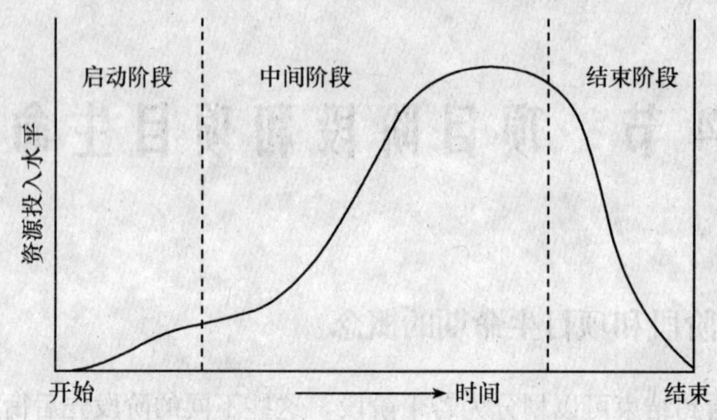

图 1—3　项目生命期资源投入模式

（2）项目面临风险程度

项目开始时风险和不确定性最高，随着项目任务逐渐地完成，不确定性逐渐减少，项目成功的概率大大增加。

（3）外界因素对项目的影响程度

随着项目进展，项目利益相关者对项目的影响由大到小逐步降低。项目利益相关者对项目的影响主要表现在对项目实施所发生偏差的调整，如因项目变更和纠正错误而增加所需费用或延长工期。

三、项目阶段

1. 启动阶段

项目启动是指批准一个项目或阶段，并准备继续向下进行。项目启动的步骤包括：

（1）项目发起

项目选定后，还要有一个发起的过程才能使项目行动起来。所谓发起就是让与项目有切身利益的各方承认项目的必要性，并根据各自的义务投入相应的人力、物力、财力、信息。

项目发起人可以是投资者、项目产品或服务的用户、项目业主、建设项目的施工单位、项目委托人等。

(2) 项目核准

项目选定后，特别是大型项目，如由政府投资的公益性和基础性项目，必须经过核准，才可将项目所需的全部权力交给项目管理小组。而一些小型项目，无须经过核准。

(3) 项目启动

项目启动就是项目管理小组开始项目或项目某阶段的具体工作。项目正式开始有两个明确的标志：一是任命项目经理、建立项目管理小组；二是颁发项目许可证，该文件由项目主管部门颁发，此时即赋予项目经理将资源用于项目活动的权力。

(4) 项目立项

项目经过项目实施组织决策者和政府有关部门的批准，特别是大中型项目，需要列入政府和经济发展计划或实施组织计划的过程，称为立项。

(5) 明确项目要求

项目经理在接受委托之后，项目准备启动之前，必须明确项目委托人对项目的要求。这些要求包括：项目内、外部环境条件，约束因素，资源情况，项目目标及项目范围界定等。

2. 规划阶段

编制项目计划的过程叫做项目规划。项目规划是预测未来、确定任务、估计可能遇到的问题，提出完成任务和解决问题的方案，需详细估计所需资源的种类、数量以及所需要的时间和费用。

(1) 项目规划的原则

1) 目的性。项目目标是项目计划的核心，项目计划就是围绕如何实现项目目标而制定的。

2) 系统性。项目计划本身是一个系统，它是由各项子计划构成的，各项子计划不是孤立存在，而是密切相关的，要使项目计划形成有机协调的整体。

3) 动态性。项目所在环境常处于变化之中，会使计划的实施偏离目标。因此，项目计划要随环境的变化而不断调整和修改，确保项目目标实现。

4) 相关性。构成项目计划的任何子计划的变化都会影响到其他子计划的制订和执行，进而影响到项目计划的正常实施。因此在制订项目计划时，必须考虑各子计划间的相关性。

（2）项目规划内容

确定项目目标，必须明确项目所要达到的要求和结果，并将项目总目标逐层分解为具体的子目标。对目标的描述要清晰、明确、易于理解。

1）范围规划。范围规划即确定项目范围并编写项目范围说明书。项目范围说明书应当阐明为什么要进行这个项目，明确项目目标和主要的可交付成果，是项目实施的重要基础。

2）项目分解。为了便于制订项目整体计划和各部分具体计划，可以利用工作分解结构（WBS）将项目及其主要可交付成果划分为一些较小的更易于管理的部分，以便使这些部分的费用、时间、其他资源更容易确定。

3）进度规划。进度规划即编制项目时间进度计划。通过进度规划确定项目各项活动之间的逻辑顺序，估算各项活动所需的时间和资源，进而编制项目进度计划。

4）费用规划。费用规划包括资源规划、费用估算和编制费用计划。

5）质量管理规划。质量规划即确定项目应采用的质量标准以及如何达到这些标准。

6）组织规划。组织规划即确定项目经理、项目管理小组及项目成员的责任以及内、外部通报和报告关系。

7）风险管理规划。风险管理规划包括风险识别、风险分析和风险应对计划。

3. 实施阶段

实施阶段主要是具体实施项目计划。此阶段管理的重点是跟踪实施过程并进行过程控制，以使项目计划有序、协调地进行。当出现偏离预定目标情况时，应分析原因，采取纠偏措施予以控制。

（1）项目实施准备

1）计划核实。在项目计划执行之前，应对项目计划是否完整、合理、可行，资源是否有保证，项目管理小组的权限是否得到各方承认进行核实。

2）计划签署。让项目参与者在项目计划上签字，以表明其愿意承担责任和风险，愿意全力支持项目工作。

3）实施动员。宣传项目的光明前景，激发项目成员的工作热情和斗志，使大家相信经过努力，项目一定能够成功。

（2）项目计划执行

在项目计划执行过程中，事先应建立工作核准系统，该系统包括必要的审批制度、人员权限及其他有关资料等，以保证各项工作的时间和顺序不出问题。

项目计划执行过程中，项目管理小组必须协调项目内外的各种关系，使相关人员之间保持顺畅的沟通，还要进行信息分发与编写项目进展报告。

（3）项目跟踪

项目跟踪的基础是建立项目管理信息系统，在项目实施全过程中保证对项目进展跟踪的及时性、准确性、连续性和系统性。

（4）项目控制

为保证项目成功和各项目标的实现，必须对项目实施中出现的偏离采取措施给予纠正，此过程即为项目控制。项目控制贯穿项目实施的全过程，且是一个动态的过程。

4. 项目收尾

项目收尾是项目的最后一个阶段，没有这个阶段，项目就不能投入使用。

（1）项目验收、移交

项目阶段结束时，项目班子要对已完成项目可交付成果进行验收，验收合格后交付给项目使用者或项目业主，并在事先准备好的文件上签字。

（2）合同收尾

合同收尾是指完成和终结一个项目或项目各阶段的合同，结清账款，解决未了事项。

（3）管理收尾

项目或项目阶段因故终止时，必须做好管理收尾。

四、项目过程

为了更好地完成项目实施过程中每个阶段的各项工作和活动，需要开展一系列有关项目计划、决策、组织、沟通、协调和控制等方面的管理活动，这一系列管理活动便构成了项目管理过程。项目管理过程一般由启动过程、计划过程、执行过程、控制过程和结束过程 5 个过程构成。

项目生命期是一次性的过程，而项目管理过程则不然。项目管理的五个过程贯穿于项目生命期中的每一个阶段，并按一定的顺序进行，其工作强度也有所变化。

项目阶段和过程之间的联系，如图 1—4 所示。启动过程接受上一阶段交付的成果，经分析研究，确认下一阶段可以开始，并提出对下一阶段的要求；计划过程根据启动过程提出的要求，制订计划文件作为实施过程的依据；实施过程要定期编制实施进展报告，并指出实施结果与计划的偏差；控制过程根据实施报告制订控制措施。计划、实施、控制 3 个过程往往要反复循环，直至实现该阶段启动过程提出的要求才能结束此过程。

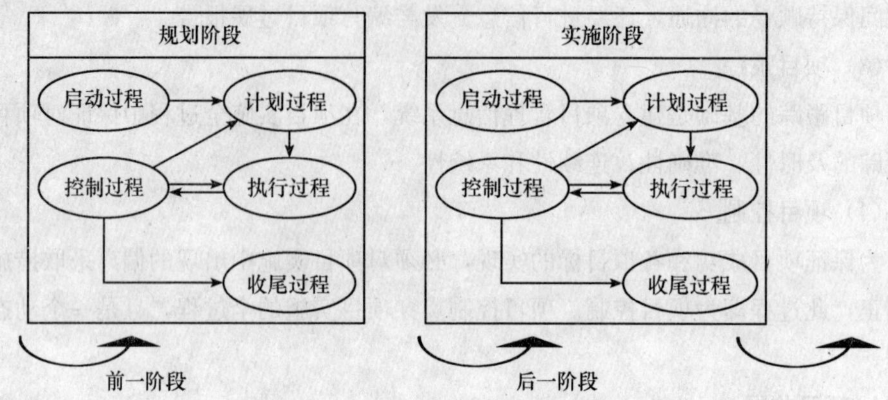

图 1—4　项目阶段与过程之间的关系

第 5 节　项目利益相关者

一、项目利益相关者概念

项目利益相关者是指积极参与项目活动，其利益因项目完成或失败而受到积极或消极影响，并对项目目标和结果施加影响的个人和组织。项目的不同利益相关者对项目有不同的需求和期望，项目团队必须对项目利益相关者的需求和期望加以识别，进行管理并施加影响，调动其积极性，消除其消极影响，以确保项目成功。项目利益相关者一般通过合同或协议联系在一起，共同参与项目管理活动，如图 1—5 所示。

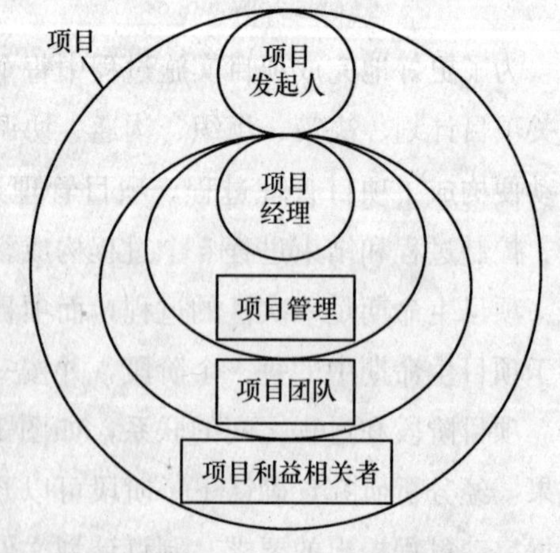

图 1—5　利益相关者与项目之间的关系

项目利益相关者对项目既存在积极的影响，也存在消极的影响。例如某项目的完成可能给该地区带来更多的就业机会，该地区劳动和社会保障部门可能成为积极的利益相关者；如果该项目完成后可能对该地区生态保护带来不利影响，该地区的环境保护部门就可能成为消极的利益相关者。

二、项目利益相关者类型

1. 项目经理

项目经理是项目的负责人，是项目组织的核心，是决定项目成功与失败的关键人物。项目经理必须明确自己在项目管理中的地位和作用、职责和权限。项目经理首先要识别谁是项目的利益相关者，并负责沟通项目的有关方面，协调各方面的利益，尽可能使各方面的需求和期望得到满足。

2. 项目团队

项目团队是一个项目实施期间由一些不同背景、不同技能和不同知识的两人或两人以上的集体组成。项目团队必须有明确的目标并要为之奋斗，团队成员有合理的分工与协作，团队赋予每个成员相应的权力和责任。具备以上 3 点的团队才可能是一支有凝聚力的团队，才能在团队成员的共同努力下实现项目目标。

3. 顾客（用户）

顾客（用户）可能是一个人、几个人或一个组织。一般情况下顾客（用户）是指项目最终成果的接收者和经营者。顾客（用户）应当对项目负有最大的责任，如审查可行性研究报告、筹集项目资金、组织项目规划和实施、对项目进行验收、与项目的利益相关者进行沟通和协调等。

4. 投资者

项目的投资者可以是政府、组织、个人、银行或股东，他们最关心的是项目能否成功，能否盈利或能否收回投资。投资者可通过直接投资、发放贷款、发行债券、发行股票等方式向项目经营者提供资金。投资者的主要责任是作出正确的投资决策，其管理重点在项目的启动阶段。

5. 供应商

供应商即为项目提供原材料、设备、工具等的商人。供应商要按时、按质、按量提供项目所需物资，同时获得预期的利润。

6. 承约商

承约商即承接项目满足客户需求的一方。承约商参与从项目启动到结尾的全过程，其能力的高低直接影响项目完成的质量。选择承约商的最好方式是招标。

7. 分包商

当项目规模较大、技术复杂时，项目中某些子项目可能分包出去，这将有利于缩短项目完成时间、提高质量，但承包商和分包商必须加强沟通和协调。

8. 项目管理办公室

如果项目实施组织设立了项目管理办公室，并对项目结果负有直接或间接责任，它就可能成为一个利益相关者。项目管理办公室的任务范围很广，可以为项目管理提供培训、软件，也可以确定方针、程序，甚至承担实现项目目标的责任。但它更侧重于整体方面的统一规划、优先顺序、平衡协调和执行。

9. 其他利益相关者

除上述项目的直接利益相关者外，还有一类人或组织与项目有或多或少的利益关系，如政府的有关部门、社区公众、新闻媒体、行业组织、合作伙伴、竞争对手等。

第 6 节　项 目 组 织

一、项目组织的概念

“组织”一词是指人们为了达到一项共同目标而建立的组织机构，内容包括对组织机构中的全体成员指定职位，明确职责，交流信息，协调其工作等。

项目组织是指实施项目的组织，它是由一组个体成员为完成一个具体项目目标而建立起来的协同工作的队伍。项目组织是为一次性独立任务设立的，是一种临时性的组织，在项目结束以后，它的生命也终结了。

项目组织结构指项目组织的基本架构，通常依据项目组织的方针、项目目标、项目所能获得资源的多少、项目的条件和项目所处的环境等来对完成组织目标的人员、工作、技术、信息所作的制度性安排。项目组织结构包括确定项目机构、岗位、职责和权限。项目组织结构设计应使项目的所有参加者之间易于沟通和协作。项目经理应确保项目组织结构适合项目范围、项目团队规模、当地条件和项目组织中权限和职责的划分。

二、项目组织的类型

1. 职能式项目组织结构

职能式项目组织结构是一个层次化的结构，每个成员有一个明确的上级。项目由组织中现有的设计、生产、营销、质量、财务等职能部门作为承担任务的主体，一个项目可能由某一个职能部门完成，也可能由多个职能部门完成。项目执行时，没有指定的项目经理，而是由职能部门负责人担任项目协调人，如图 1—6 所示。

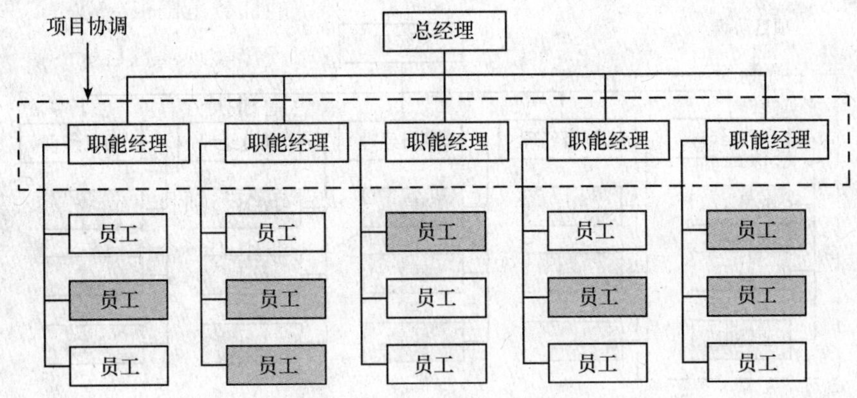

图 1—6　职能式项目组织结构

（黑框代表参与项目活动的员工）

（1）优点

• 职能部门资源集中的优势。

• 在人员使用上具有较大的灵活性。

• 技术专家可同时被不同的项目使用。

• 同一部门的专业人员在一起易于交流知识和经验。

• 当有人离开项目时，仍能保持项目技术的连续性。

• 职能部门可以为本部门的专业人员提供一条正常的升迁途径。

（2）缺点

• 职能部门更多考虑的是自己的日常工作，而不是项目和客户的利益。

• 职能部门的工作方式是面向本部门的活动，而项目要成功，必须面向问题。

• 由于责任不明，容易导致协调困难和局面混乱。

• 由于在项目和客户之间存在多个管理层次，容易造成对客户的响应迟缓和艰难。

• 调配给项目的人员积极性不高。

• 跨部门的交流沟通有时比较困难。

• 职能式组织比较适合中小企业，特别是加工业、产品制造业和大多数公共部门。

2. **项目式组织结构**

项目式组织结构是从公司组织中分离出来的，是一种单目标的垂直组织方式，每个项目都有专职的项目经理，如图 1—7 所示。

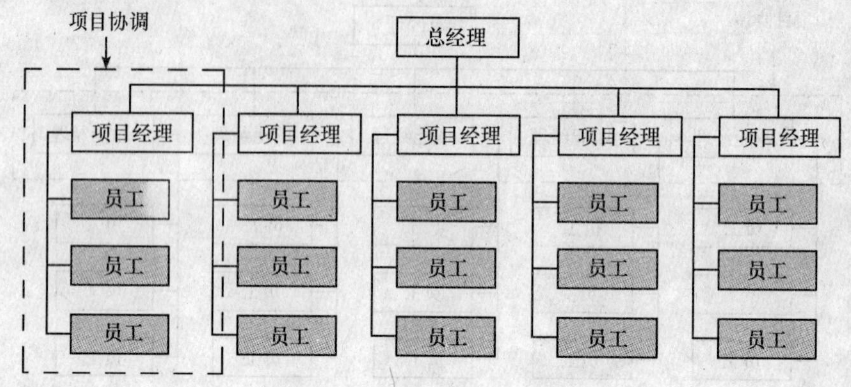

图 1—7　项目式组织结构

（黑框代表了参与项目活动的员工）

（1）优点

项目经理对项目全权负责，享有最大限度的自主权，可以调用整个组织内外的资源；命令单一，决策速度快；团队精神可以充分发挥，对客户的响应速度较快，组织结构上简单灵活，易于操作，易于沟通协调。

（2）缺点

每个项目都有自己独立的组织，资源不能共享，会造成一定程度的资源浪费；项目与部门之间联系少，不利于与外界的沟通。项目处于相对封闭的环境中，容易造成不同项目在执行组织的规章制度上的不一致性；项目一旦结束，项目成员的工作没有保障，不利于员工的职业发展。项目式组织结构适用于大型、复杂项目。

3. **矩阵式组织结构**

“矩阵”是一个数学概念，矩阵式组织是由纵横两套管理系统组成的，即在职能式组织的垂直层次上，叠加了项目式组织的水平结构。矩阵式组织结构又分为强矩阵式、弱矩阵式、平衡式 3 种。

强矩阵式组织，如图 1—8 所示。其类似于项目式组织，特性亦相似。这种组织中有正式的项目团队，团队的大多数成员是专职从事项目工作的，项目经理也是专职的，项目经理可以实施对项目的有效控制。

弱矩阵式组织，如图 1—9 所示。其与职能式组织相似，特性也相似。项目中有一部分人员是专职从事项目工作的，多数人是兼职的，项目经理也是兼职的，项

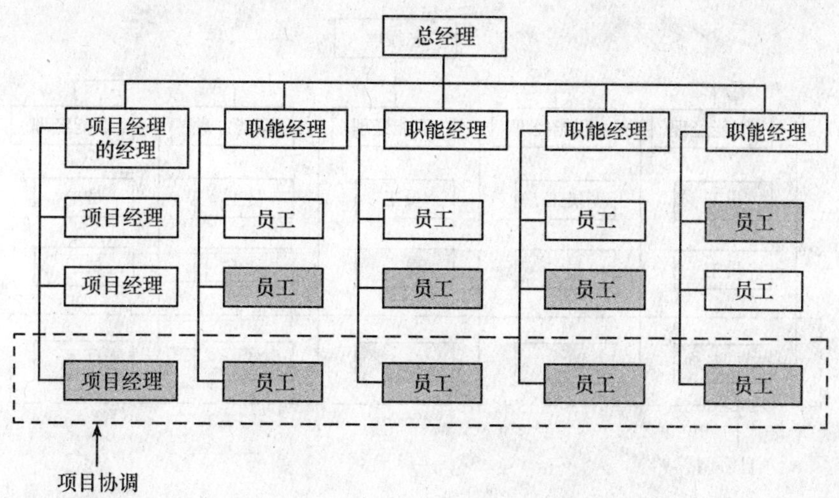

图 1—8　强矩阵式组织结构

（黑框代表了参与项目活动的员工）

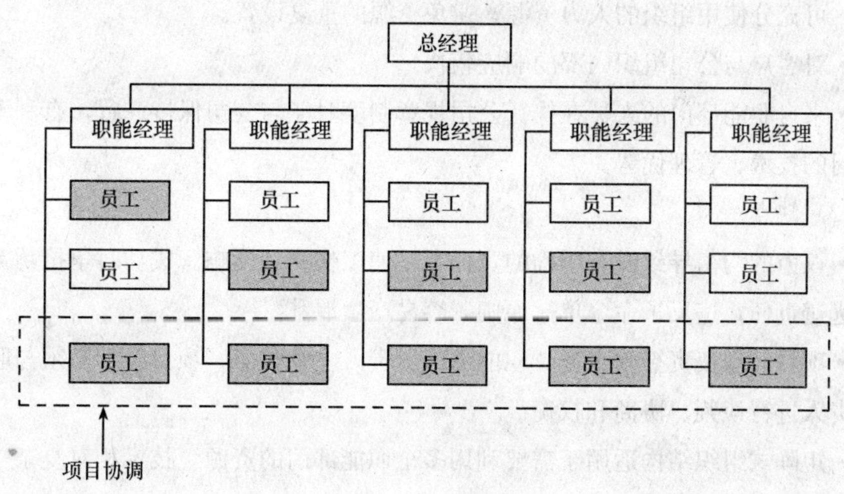

图 1—9　弱矩阵式组织结构

（黑框代表了参与项目活动的员工）

目经理获取各种资源的权力有限。

平衡式矩阵如图 1—10 所示。由项目经理负责监督项目的执行，各职能部门负责人对本部门工作负责。许多员工既属于职能部门又属于项目，因而要同时对两个部门负责。

这 3 种矩阵式组织存在以下优缺点：

（1）优点

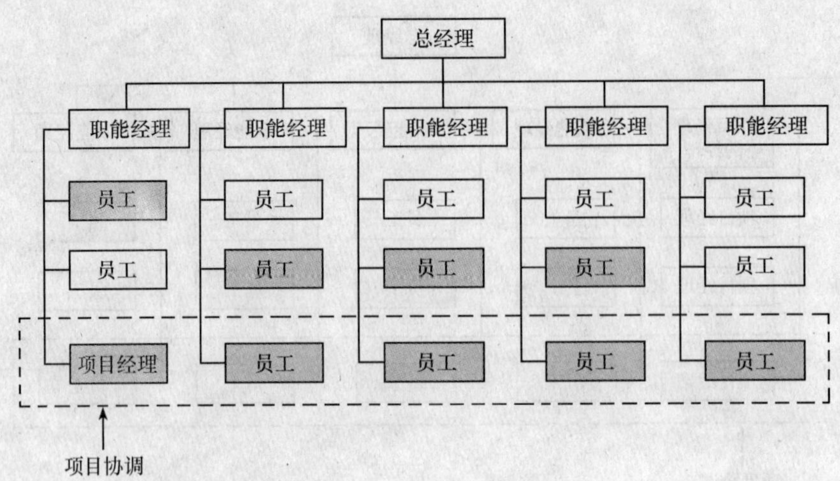

图 1—10　平衡式组织结构

（黑框代表了参与项目活动的员工）

• 可充分使用组织的人力资源，避免资源的重复设置。

• 对客户与公司组织内部的响应较快。

• 来自职能部门的人员在执行公司规章制度时能与公司保持一致，有利于集中各部门的技术、管理优势。

（2）缺点

• 权力的均衡导致没有明确的责任者，使工作受到影响。成功时争抢功劳，失败时逃避责任；违反了命令单一原则，容易产生混乱。

• 项目经理负责行政事务，职能部门负责人主管技术，项目经理必须与职能部门负责人进行谈判、协商和权衡。

• 矩阵式组织结构适用于需要利用多个职能部门的资源，技术相对复杂，但又不需要技术人员全职为项目工作的项目，如高等院校、科研机构和综合性医院。

不同的组织结构形式对项目的影响是不一样的，如表 1—1 所示。

4. 事业部式

事业部式是在企业内部成立事业部，事业部对企业内部来说是职能部门，对企业外部来说享有相对独立的经营权，可以是一个独立单位。一般在事业部下边设置项目部，项目经理由事业部选派，如图 1—11 所示。

（1）优点

• 有利于企业的经营职能发挥，扩大企业的经营业务，便于开拓企业的业务领域。

表 1—1　　项目组织结构形式对项目的影响

组织形式	职能式	强矩阵式	弱矩阵式	平衡矩阵	项目式
项目经理权限	很少或没有	从中等到大	中等	从小到中等	很高甚至全权
全职人员％	几乎没有	50～95	0～25	15～60	85～100
项目经理投入项目时间	半时	半时	半时	全时	全时
项目经理常用头衔	项目经理/项目协调员	项目经理/计划经理	项目协调员/项目负责人	项目经理/项目负责人	项目经理/计划经理
行政人员投入项目时间	少量	全时	少量	半时	全时

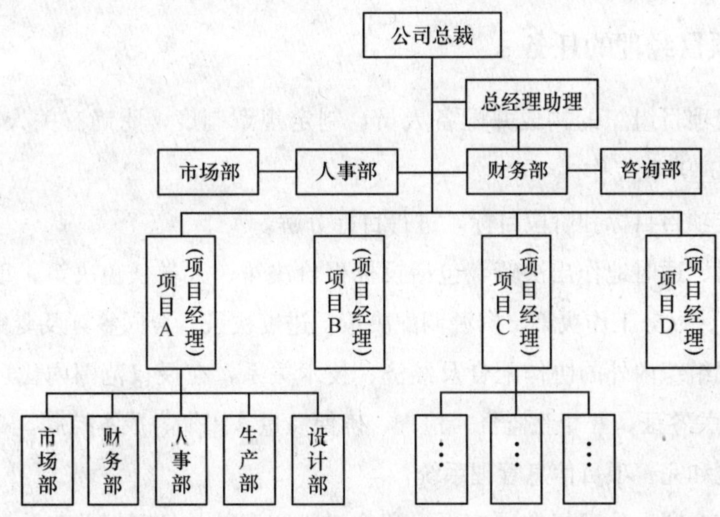

图 1—11　事业部式组织结构

• 项目经理有职有权，能迅速适应环境变化，提高应变能力。

（2）缺点

• 企业对项目的约束力减弱，对项目的管理和协调难度较大。

• 事业部式的项目适用于多项目的大型企业，特别是适用于远离公司本部的项目。

第7节 项目经理

一、项目经理的地位

简单地说，项目经理就是项目负责人，负责项目的组织、计划、执行和控制工作，以保证项目目标的成功实现。项目经理在项目管理中起着关键的作用，是项目团队的灵魂。

二、项目经理的任务

1. 确定项目组织的构成并配备人员，制定规章制度，明确有关人员的职责，组织项目经理开展工作。

2. 确定项目目标和阶段目标，进行目标分解。

3. 及时、适时地作出决策，包括投标报价决策、人员任免决策、重大技术组织措施决策、财务工作决策、资源调配决策、进度决策、合同签订及变更决策等。

4. 协调组织内外的协作配合及经济、技术关系，在授权范围内代理（企业法人）进行有关签证，并相互监督、检查，确保质量、工期、成本控制。

5. 建立和完善项目信息管理系统。

6. 实施合同，处理好合同变更、商洽纠纷和索赔，处理好总、分包关系，搞好有关单位的协作配合。

三、项目经理的能力要求

为了实现项目管理的规范化和科学化，项目经理作为项目团队的领导人，不仅应该具备基层管理者共性的能力素质要求，更要具备项目管理特别强调要求的领导能力和职业素质。

1. 导向能力

导向能力指项目经理引导和率领团队达成项目目标的能力。无论项目处于顺利的还是困难的境遇，项目经理都能以自己坚强的意志、饱满的热情和充足的自信给团队成员以明确的方向。

2. 决策能力

决策能力指项目经理准确判断和正确决策的能力。在项目运行中，经常面临多种选择，这时项目经理应具备高度的风险意识，能够根据项目的优势、劣势、机遇和风险，冷静地做好科学的分析、判断和决策。

3. 影响能力

影响能力指项目经理通过自己的人格、品质以及待人处事的方式给团队成员以影响，来推动工作的能力。影响能力是一种靠着吸引产生的软能力，而不是通过简单的权力强制和利益驱动来调动员工积极性的硬能力。

4. 沟通能力

沟通能力指项目经理与项目利益相关者之间进行有效沟通的能力。项目的一次性决定了项目实施过程中各种关系处理的艰巨性。项目经理必须懂得如何制订沟通计划，如何研究项目利益相关者的沟通需求，否则无法完成有效沟通。

5. 计划管理与控制能力

计划管理与控制能力指项目经理根据项目目标执行与控制计划的能力。由于项目目标的严格约束，要求项目经理必须把握好进度、质量和资金等各方面的执行，在计划偏离目标需要更改时，能够及时正确地进行有效控制。

6. 专家能力或称专家权力

专家能力或专家权力指项目经理处理项目所涉及的专业技术的能力。项目经理作为一名基层的管理者，必须对项目所涉及的技术具备足够程度的了解，并至少对其中一门技术比较精通。

四、项目经理的职业素质要求

1. 项目全生命期管理思维

项目是一个相对独立、有始有终的完整系统，哪个环节出现纰漏都会影响全局。项目全生命期管理思维，就是强调项目经理在项目管理中不能就事论事，始终要从项目全生命期的发展来考虑问题，安排工作。

2. 以目标为导向

项目的显著特征之一就是目标性特征，项目的完成以目标达到为前提。项目管理的目标导向有别于某些传统职能管理的以过程控制为特征的过程导向。目标导向是推动项目价值创造的驱动因素。所有的绩效标准都必须与项目目标相一致。

3. 高度的风险意识

项目的一次性和独特性决定了项目的风险性。项目经理在项目的全过程中要对项目的风险实行有效控制，妥善处理风险事件造成的不利后果，以最低的成本保证项目总体目标实现。

4. 良好的社会责任感

项目管理由于其临时性和紧迫性，很容易形成只注重眼前的经济利益，忽视长远的社会利益的管理理念。注重社会责任，是企业和项目团队义不容辞的责任。良好的企业社会责任策略和实践不仅可以获得社会利益，也可以改善风险管理，提高企业的声誉，并进而获取商业利益。

第 8 节　项 目 文 化

一、项目文化的概念

要给项目文化下定义，首先要了解企业文化，可以说项目文化是企业文化的衍生品。到目前为止，企业文化的概念仍是众说纷纭，较为科学的描述是：企业文化是在一定的经济社会文化背景条件下，企业在长期生产经营过程中逐步形成和培育起来的独特且为企业员工构建并共同遵守的企业精神、价值观念和行为准则。

关于项目文化，目前国内外还没有专门的定义，但可以将企业文化的概念转化为项目文化的概念，即项目文化是项目在发展过程中形成的和为项目成员所共有的思想作风、价值观念和行为准则。因此可以说项目文化是企业文化的集中表现，是组织文化、制度文化在项目中的创造性应用，也是塑造企业形象的一种科学、有效的手段。

二、项目文化的特点

1. 人本性

项目文化最本质的内容是突出人的地位和作用，以人为本，以人本素质开发为本。人的素质一般包括身体素质、智力素质和人本素质，其中最关键的是对员工的道德规范、价值观、行为准则、敬业精神等人本素质的开发、培育和塑造。因此，在项目中要以人为核心，充分发挥人的积极性和能动性，为实现项目目标作出贡献。

2. 独特性

每个项目因项目的性质、类型、规模、地域和人员素质的不同，在项目实施过程中必然会形成具有本项目特色的价值观、道德规范和行为准则，即每个项目都会带有鲜明的个体性和独特性。因此，在建立项目文化的过程中，一定要结合项目自身的特点，形成独具特色的项目文化。

3. 和谐性

项目的生存和实施离不开它所处的环境，这个环境既包括内部环境，也包括外部环境。如果在一个项目内部，部门之间、人员之间、上下级之间协调一致，而且与项目外部也保持和谐性，就可为项目目标的实现创造良好的条件。

4. 时代性

时代性意味着要跟上经济发展、科技进步、道德水准提高的步伐，而不是原地踏步。项目文化本身就是时代的产物，它的形成与发展、内容与形式是项目成功的条件。坚忍不拔、开拓进取、创新变革、随机应变、竞争、效益等观念将成为项目文化的主旋律。

5. 地域性

处于不同国家、地区、社区的人员，往往有不同的文化特质和文化习性，由此而形成人们在价值取向上的差异性。由于项目所在地域的不同，在项目文化上也表现出不同的特质和习性。

6. 可塑性

市场在变化、经济在发展、社会在进步，这就要求人们在理念上、行为上、方法上均要适应这种变化，提倡新的理念、准则、精神、道德，摒弃陋习，形成新的项目文化，跟上时代的步伐。

三、项目文化的内容

1. 价值观念

价值观念是人们对社会实践、工作和生活的一种价值标准，即区分对与错、好与坏、美与丑、可行与不可行的观念。构建先进的价值体系是发展先进文化的核心内容和中心环节。伴随社会转型过程，人们的价值观念也发生着深刻的变化，价值观念体系正经历着重建和更新的过程。当代中国的价值观念既有中国传统的价值观念，也有西方的价值观念，还有在发展社会主义市场经济和进行现代化建设的新的实践中形成的新的价值观念。要正确处理继承和发扬优秀的传统价值观念，创建和弘扬体现时代精神的现代价值观念。价值观念是项目团队和员工所追求的最大目标及判断事物的标准，也是项目管理活动的总原则。

2. 道德规范

道德是指人的品质和行为准则，而规范是指人们行为的依据或标准。道德规范包括基本道德规范、社会公德规范、职业道德规范、生活道德规范，主要表现有：爱国守法、文明礼貌、助人为乐、爱岗敬业、诚实守信、办事公道、服务群众、保护环境、奉献社会等。道德规范一方面可以通过宣传教育来加强，另一方面又可以通过舆论、规章制度来约束员工的行为。

3. 项目精神

项目精神是指在项目实施过程中所创造的具有本项目特色的精神财富和意识形态，是现代意识与项目个性相结合的一种群体意识。项目精神是文化观念、价值观念、道德规范、行为准则、项目哲学、历史传统、项目制度、文化环境等的综合体现和概括，反映了全体员工的共同追求和共同认识。每个项目均会秉承企业精神而形成各具特色的项目精神，如爱国精神、创新精神、求实精神、奉献精神、竞争精神等。项目精神必然会影响到项目文化，因此，项目精神是项目文化的重要内容。

4. 项目哲学

项目哲学是以项目文化为主导的项目经理和项目团队对于项目如何生存和发展的哲理性思维。这种哲学思考又决定了项目对于各种事物的偏好，它是指导项目活动，处理人际关系等全面工作、行为的方法论。项目哲学有三大命题，即项目为什么存在，项目的目标，项目如何生存、发展。也就是愿景、使命及核心价值观三个概念，三大哲学概念是处理项目矛盾的辩证思维模式。

5. 项目制度

项目制度具有 3 个特点，严肃性、可操作性、可行性。

（1）严肃性

严肃性是项目管理之法，不是可执行或不执行的，而是具有强制性作用的。

（2）可操作性

可操作性是要规范项目全体人员行为规范，做到一看即懂，且操作简便易行。

（3）可行性

可行性即必须是切实可行的。制定项目制度应首先确立项目管理目标，然后收集国家和地方关于项目的所有法律、规范及企业的各项制度，并参照其他相关项目的管理制度。

项目制度是构成项目文化的基本要素之一，也是项目价值观具体化的外在表现。项目的全体员工正是运用一系列制度与规范，来调节员工之间的关系，规范员工的行为，使项目能正常运转，从而提高管理实效。

6. **项目环境**

项目处于不同的国家、地区，它们的环境条件是不同的。不同的环境形成不同的文化，这将给项目的实施带来不同的影响。这里主要指的是工作环境，如整洁的设施、良好的工作条件、优美的环境等，会使员工更加热爱本职工作，提高工作的自觉性，对项目的完成产生积极的影响。

四、项目文化的功能

1. **导向功能**

项目文化能对项目的每个员工的价值取向及行为取向起引导作用，具体表现在两个方面：一是对项目员工个体的心理、性格、行为起导向作用；二是对项目整体的价值取向和行为起导向作用。通过项目文化的教化、传播，就能将项目员工引导到项目文化的价值观和规范标准上来。

2. **凝聚功能**

项目文化的凝聚功能是指当一种价值观被项目员工共同认可后，它就会产生很强的归属感，从各个方面把其成员聚合起来，从而产生一种巨大的向心力和凝聚力。这种凝聚功能能使员工个人行为、思想、感情与项目整体统一起来，朝着一个共同的项目目标努力。

3. **激励功能**

项目文化能使项目员工从内心产生一种情绪高昂和奋发进取的精神。项目文化把尊重人作为中心内容，以人的管理为中心。积极向上的思想观念及行为准则会形成强烈的使命感和持久的驱动力，成为员工自我激励的一把标尺。

激励功能的表现形式有目标激励、尊重激励、感情激励、奖励激励、领导行为激励等。

4. **约束功能**

项目文化对员工的思想、心理和行为具有约束和规范作用。群体意识、社会舆论、共同的习惯和风尚等精神文化内容，会造成使个体行为从众化的群体心理压力和动力，使项目成员产生心理共鸣，继而达到行为的自我控制。把项目的要求转化为个人的自觉行为，使实现个人目标与项目目标高度一致。

第 9 节　安全、健康与环境

一、安全管理基本知识

1. 安全与事故的概念

（1）安全的概念

《职业安全健康管理体系审核规范》中对安全的定义为“免遭不可接受的风险的伤害”。职业健康安全的工作范围，包括保护职工在作业过程中免受职业性伤害，保护国家财产免遭损失。

安全意味着所承受的风险程度在可以接受的范围之内，可能遭受的损害概率越低越安全。

安全活动的核心就是避开危险，降低损失，安全工作是对危险的预知和预防。在生产和经济活动中，人、机、环境三者协调、平衡时处于安全状态，一旦打破这种平衡，安全就受到破坏。

（2）事故的概念

《职业安全健康管理体系审核规范》中对事故的定义是“造成死亡、疾病、伤害、财产损失或其他损失的意外事件（这里的疾病指的是职业病及与职业有关的疾病）”。

生产经营单位在生产经营活动（包括与生产经营有关的活动）中发生伤害人身安全和健康，或者损坏设备设施，或者造成经济损失，导致原生产经营活动（包括与生产经营活动有关的活动）暂时中止或永远终止，使生产经营活动处于事故状态。

2. 事故的种类

事故的分类方法很多，这里介绍的是第十三次国际劳动统计会议决议中提出按照事故的损失分类。

（1）人身事故

人身事故具体包括以下四类：

1）工作伤害事故。工作人员在工作中受到伤害而导致职业相关病症的事故和上下班途中发生的事故。

2）雇用事故。由雇用引起或在雇用过程中发生的事故（工作事故和上下班事故）。

3）雇用伤害。雇用事故导致的所有伤害和所有职业病。

4）工作事故。工作过程中发生而导致死亡、人身伤害或疾病的事故。

（2）物质损失事故

物质损失事故指的是造成生产企业（甚至包括客户）的物质设施损失的事故。物质损失的对象主要是生产设施，其价值很难估算。虽然设施的损坏经常是可以恢复的，但是往往需要付出昂贵的代价。设备的损坏有时会直接影响企业生产的进行，甚至造成更大的社会连带损失。因此，对于企业生产的物质设施，特别是生产中的关键设备的安全必须予以高度重视。

（3）生产损失事故

生产损失事故指的是导致生产不能正常进行，甚至停工停产，造成企业以及社会损失的事故。其中，生产损失既包括生产单位的直接经济损失，也包括用户的经济损失。例如电力生产单位的停电事故，所造成的损失既有电力企业未能出售电力的损失，也有用电部门停产的损失。所以对于产销一体化的生产企业而言，生产损失经常是社会性的。

3.《生产安全事故报告和调查处理条例》简介

事故发生后，必须进行事故调查，目的是及时、准确地查清事故原因，查明事故的性质和责任，总结经验和教训，提出整改措施，并对事故责任者提出处理意见。

国务院 2007 年 4 月 9 日颁布的《生产安全事故报告和调查处理条例》（以下简称《条例》）于 2007 年 6 月 1 日起施行。与项目管理相关的主要内容包括：

（1）《条例》将事故原因未查明不放过、责任人未处理不放过、整改措施未落实不放过、有关人员未受到教育不放过的原则贯穿始终，为事故报告和调查处理工作提供了明确的操作规程。规定对事故发生单位最高可处 200 万元以上 500 万元以下的罚款。

（2）《条例》将事故划分为特别重大事故、重大事故、较大事故和一般事故 4 个等级。特别重大事故，是指造成 30 人以上死亡，或者 100 人以上重伤，或者 1 亿元以上直接经济损失的事故；重大事故，是指造成 10 人以上 30 人以下死亡，或者 50 人以上 100 人以下重伤，或者 5 000 万元以上 1 亿元以下直接经济损失的事故；较大事故，是指造成 3 人以上 10 人以下死亡，或者 10 人以上 50 人以下重伤，或者 1 000 万元以上 5 000 万元以下直接经济损失的事故；一般事故，是指造成 3

人以下死亡，或者 10 人以下重伤，或者 1 000 万元以下直接经济损失的事故。其中，事故造成的急性工业中毒的人数，也属于重伤的范围。

（3）《条例》规定，事故发生后，事故现场有关人员应当立即向本单位负责人报告，单位负责人应当于 1 小时内向事故发生地县级以上人民政府安全生产监督管理部门和负有安全生产监督管理职责的有关部门报告。随后，安监部门和负有安监职责的有关部门应当按照事故的级别逐级上报事故情况，并且每级上报的时间不得超过两小时。

（4）《条例》要求事故调查组应当由政府、安全生产监督管理部门、负有安全生产监督管理职责的有关部门、监察机关、公安机关以及工会派人组成，并邀请人民检察院派人参加。事故调查组成员应与所调查的事故没有直接利害关系。提交事故调查报告最长不得超过 120 天。

（5）《条例》规定，事故发生单位对事故发生负有责任的，依照规定处以罚款。其中发生一般事故的，处 10 万元以上 20 万元以下的罚款；发生较大事故的，处 20 万元以上 50 万元以下的罚款；发生重大事故的，处 50 万元以上 200 万元以下的罚款；发生特别重大事故的，处 200 万元以上 500 万元以下的罚款。事故发生单位主要负责人未依法履行安全生产管理职责，导致事故发生的，依照规定处以罚款。属于国家工作人员的，依法给予处分；构成犯罪的，依法追究刑事责任：发生一般事故的，处上一年年收入 30％的罚款；发生较大事故的，处上一年年收入 40％的罚款；发生重大事故的，处上一年年收入 60％的罚款；发生特别重大事故的，处上一年年收入 80％的罚款。

（6）《条例》规定，事故发生后，有关单位和人员应当妥善保护事故现场以及相关证据，任何单位和个人不得破坏现场、毁灭证据。因抢救人员、防止事故扩大以及疏通交通等原因，需要移动事故现场物件的，应当作出标志，绘制现场简图并作出书面记录，妥善保存现场重要痕迹、物证。

二、环境保护

1. 环境保护的概念

环境保护就是运用现代环境科学理论和方法、技术，采取行政的、法律的、经济的、科学技术的等多方面措施，合理开发利用自然资源，防止和治理环境污染和破坏，综合整治环境，保护人体健康，促进社会经济与环境协调持续发展。

2. 环境保护的内容

（1）资源的利用和保护

1）自然资源。自然资源是指自然界中能够被人类利用的物质和能量的总和。资源的持续培育和利用，是人类生存和发展的基础。资源分为非可再生资源和可再生资源。

2）非可再生资源。非可再生资源一般是指那些被人类开发利用后会逐渐减少以致枯竭而不能再生的自然资源，如各种金属矿物、非金属矿石、化石燃料等。对于非可再生资源，必须实行保护性开发，以便达到重复利用或尽可能延长利用期限的目的。

3）可再生资源。可再生资源主要指那些被人类开发利用后能够依靠生态系统自身的运行力量得到恢复或再生的资源，如动物资源、植物资源、微生物资源、土地资源、水资源等。可再生资源在合理开发利用的情况下，可以恢复更新再生产；在不合理的开发利用条件下其可更新性就会受阻，使存量不断减少以致耗竭。对可再生资源要采取积极措施，在利用过程中，促使其质的提高和量的扩大。

（2）生态环境的保护

生态系统的相对稳定是人类赖以生存和发展的必要条件，维护与保持生态平衡，促进它的良性循环和健康发展是关系到人类前途和命运的重大问题。生态环境问题主要是由于不合理开发利用资源或进行大规模工程建设等引发的生态环境质量恶化或自然资源枯竭等环境问题。

3. 环境污染的防治

（1）环境污染

由于自然和人为因素改变了环境中某些原有的成分或有毒有害物质进入环境并在环境中扩散、迁移、转化，使环境系统的结构与功能发生变化，对人类或其他生物的正常生存和发展产生不良的影响，这时就会造成环境污染。按污染物性质可以分为：物理污染、化学污染、生物污染；按受到污染的环境要素可以分为：大气环境污染、水环境污染、土壤环境污染。

我国主要的环境污染问题有大气污染、水污染、固体废物污染和噪声污染等。

（2）环境污染的防治方法

项目进行过程中应做好的环境污染防治工作主要包括：

- 工业“三废”（废水、废气、废渣）的防治。
- 生活“三废”（粪便、垃圾、污水）的防治。
- 粮食、副食品等食物污染的防治。
- 农药残毒的防治。
- 地温、地热、地面下沉的防治。

• 水土保护、土壤污染的防治。

• 噪声、放射性污染的防治等。

第 10 节　项目管理软件工具

一、项目管理软件概述

1. 项目管理软件应用的必要性

在从事项目管理工作时，常常感到缺少得力的助手，并且需要对计划进行反复讨论，由此导致一系列的文件修改和图形的重新绘制。以往常采用 Excel 电子表格软件来辅助这种工作，如画横道图，但 Excel 不是为项目管理设计的软件。有许多通用的或专用的项目管理计算机辅助软件，它可以使项目管理的实时性和复杂程度大大降低。

一般项目管理软件具有预算及成本控制、利用时间表计算项目进度计划、利用电子邮件发送项目信息等功能，还能绘制图形、转入或转出资料、处理多个项目和子项目、制作报表、创建工作分解结构、进行计划工作以及进行假设分析等。项目管理软件可以帮助项目管理人员完成许多工作，是项目管理人员的得力助手。

如果把常用的办公软件和某些通用的项目管理软件结合起来使用，就可以应对中小规模项目的日常管理工作。如果能够在局域网乃至广域网的基础之上建立完整的项目管理信息系统，就可以基本实现项目管理的信息化和在线实时性的要求，使项目管理的成熟度得以提高。

2. 项目管理软件在我国的发展历史

国内从 20 世纪 60 年代中期开始，在著名数学家华罗庚教授的倡导和亲自指导下，开始在全国各个部门试点应用网络计划，并根据“统筹兼顾，全面安排”的指导思想，将这种方法命名为“统筹法”。改革开放之后，我国引进了国外的项目管理软件，但由于对国外的项目管理理念缺乏理解，使得我国项目管理软件的应用处于被动状态。

20 世纪 70 年代使用 Fortran、Basic、Cobol 等语言零星开发的一些针对个别项目的辅助性软件，主要侧重于进度安排和简单的费用分析。

20 世纪 80 年代世界银行贷款项目的引入带来了国外大型项目管理软件的应用与学习，如 P3，但并没有普及。

20 世纪 90 年代随着与国际接轨的需要，国内很多单位已接受了国外项目管理的思路，也引进了国际先进的项目管理软件，积累了部分经验和数据。国内的一些软件公司，也逐渐开始开发一些针对具体应用的项目管理软件。随着对外开放的深入，特别是随着国内项目数量、规模、复杂程度增加，各项目实施单位自行开发了多种项目管理软件。但这些软件基本上是立足于本单位使用，行业特点明显（尤其以建设工程领域居多），计划经济特征明显，无法作为商业软件进行市场化运作。

20 世纪 90 年代末以后，随着现代项目管理知识在国内的宣传普及和市场经济地位的确立，项目管理才真正深入到各行各业，相应的项目管理软件作为做好项目管理的必备工具也得到了人们的重视，各种不同的项目管理软件纷纷涌现出来。

3. 目前主流项目管理软件及其特点

目前，全球市场上大约有 400 多种项目管理软件工具。这些软件各具特色，各有所长。根据项目管理软件的功能和价格水平，大致可以划分为两个档次：

一种是供专业项目管理人士使用的高档项目管理软件，这类软件功能强大，价格一般在 5000 美元以上，如 Primavera 公司的 P3、北京梦龙科技有限公司的 Pert、LinkProject 等。

另一类是普及型项目管理软件，应用于一些中小型项目，这类软件虽相对于某个特定的行业或单位来说其功能不是很齐全，但价格较便宜，适合大面积推广。如 TimeLine，Primavera 公司的推出的 SureTrak，特别是 Microsoft 公司的 Project 系列（最新版本为 2007 版）等。

二、常见项目管理软件的基本功能和特点

1. 项目管理软件功能介绍

市场上形形色色的项目管理软件每一种都有其独到之处。大多数项目管理软件具备的主要功能如下：

（1）成本预算和控制

输入任务、工期，并把资源的使用成本、所用材料的造价、人员工资等一次性分配到各任务包，即可得到该项目的完整成本预算。在项目实施过程中，可随时对单个资源或整个项目的实际成本与预算成本进行分析、比较。

（2）制订计划、资源管理及排定任务日程

用户对每项任务排定起始日期、预计工期、明确各任务的先后顺序以及可使用的资源。软件根据任务信息和资源信息排定项目日程，并随任务和资源的修改而调整日程。

（3）监督和跟踪项目

大多数软件都可以跟踪多种活动，如任务的完成情况、费用、消耗的资源、工作分配等。通常的做法是用户定义一个基准计划，在实际执行过程中，根据输入当前资源的使用状况或工程的完成情况，自动产生多种报表和图表，如资源使用状况表、任务分配状况表、进度图表等。还可以对自定义时间段进行跟踪。

（4）报表生成

与人工相比，项目管理软件的一个突出功能是能在许多数据资料的基础上，快速、简便地生成多种报表和图表，如甘特图、网络图、资源图表、日历等。

（5）方便的资料交换手段、人员沟通和文档管理

首先，项目管理软件应为所有与项目相关的人提供服务以便于其工作，同时应提供有助于其工作交流的功能。

其次，许多项目管理软件允许用户从其他应用程序中获取资料，如 Excel、Access、Lotus 或各种 ODBC 兼容数据库。一些项目管理软件还可以通过电子邮件发送项目信息，项目人员可以通过电子邮件获取信息，如最新的项目计划、当前任务完成情况以及各种工作报表。由于每类项目的文档都不尽相同，项目管理软件还应提供灵活的文档管理。

2. 常用项目管理软件简介

项目管理技术以及基于项目管理技术而开发的项目管理软件的发展，与计算机技术的发展是密不可分的。早期的项目管理软件运行在大型机上，主要用于国防和大型土木工程建设，软件成本十分昂贵。到了 20 世纪 80 年代，随着计算机技术的迅猛发展以及项目管理软件应用所产生的优良效果，使得市场上出现了大量的项目管理软件，当然价格差别也相当大。经过近 20 年的发展，在市场经济中无法生存的项目管理软件已被市场无情地淘汰了。

比较常见的项目管理软件见表 1—2。

三、项目管理软件在整个项目管理中的定位

项目管理软件的全称应该是项目管理计算机辅助软件，辅助是指像计算机在其他行业、领域中的应用一样，计算机最擅长做的工作是大量重复运算、海量的数据存储和处理之类的辅助性工作。

使用 MS Project 2003 进行项目管理的一般步骤：

1. 提出设想、建立计划，在稿纸上开列提纲

表 1—2　　常见项目管理软件

	项目管理软件	所属公司	介绍
项目管理软件	Primavera Project Planner（P3）	Primavera 公司	P3 是基于广义网络计划技术的理论编制的项目管理软件，项目分解采用 WBS 或 OBS 技术，提供资源均衡的功能，采用目标管理的模式对项目实施控制，数据接口功能齐全，此外，对节点的编制比较自由
	SureTrak	Primavera 公司	亦称小 P3，是 Primavera 公司针对中小型项目而开发的项目管理软件，它完成了 P3 的 80%的功能，与 P3 的数据完全兼容，因此很多单位在公司总部采用 P3，在项目工地使用 SureTrak，工地和总部之间用电子邮件交换数据
	MS Project	Microsoft 公司	是一个强有力的计划、分析和管理工具。项目分解后，能够对最复杂的计划进行可视化分析，发现相互联系的，可以找出项目瓶颈以及整个项目开销。可以进行项目合并，合理评估多个项目。特点是易于使用，接口功能强，普及面广

2. 在 Project 2003 中设置项目：新建项目信息

3. 输入任务清单，同时区别大纲任务和子任务

确定工作日历→输入任务→设定任务类型→WBS→网络图（可用于核对和修改）

4. 分配资源

5. 输入成本

6. 检查日程安排

7. 调整日程安排

8. 保存计划

9. 跟踪和管理项目进度

（1）跟踪日程

（2）跟踪工时

（3）跟踪成本

10. 各种报表输出

从这些步骤中可以看到，项目管理软件介入项目是从计划阶段的后期开始的，而对于诸如提出设想、建立计划，在稿纸上开列提纲等具有创造性的活动，软件是无能为力的。另外，即使是在项目的实施阶段，也有一些工作不是仅凭软件就可以做好的，如质量管理。

四、Microsoft Project 系列软件

Microsoft Project 是微软公司的产品，目前已经占领了通用项目管理软件包市场的绝大部分份额。Microsoft Project 的数据库中保存了有关项目的详细数据，它还可以利用这些信息计算和维护项目的日程、成本以及其他要素，创建项目计划和对项目进行评估。目前有 Project 98，Project 2000、2002、2003、2007 版等几个不同时期的版本。下面以 Project 2003 为例说明其基本功能和特点。

1. Project 的基本功能

项目管理的方法和理论适用于各个领域，Project 也不是只针对某一个或几个行业而设计的系统，它是一款通用的项目管理软件，适用于国民经济的各个领域，包括 IT、钢铁冶金、石油、煤炭、铁路、公路、航空航天、水利、市政、民用建筑及科学研究等各个领域。

（1）可用于项目投标

北京一家建筑公司在参与一个 8 亿投资的大厦投标时，不仅绘制了整个项目的网络图，更进一步就地下部分、地上 1～5 层、6～20 层、21～25 层、26～27 层如何组织施工，绘制了更加详细的网络图，倍受评委的赞扬，在施工方案这一项获得了满分。

（2）经济效益显著

一个计划的优劣所产生的经济效益会截然不同。某个生产涤纶的工厂，每年都要安排一次检修。按常规做法，检修时要停产 35 天。该厂引进项目管理软件，反复对检修的工序安排进行优化，最后压缩在 30 天内完成检修工作，提前了 5 天。这个厂每天产值为 67 万元，5 天增加产值 335 万元。

（3）判定与索赔

在项目执行过程中发生争议时如何判定谁是责任方，如何向责任方索赔也是项目管理的重要内容之一。判定和索赔都必须以事实为依据，Project 软件由于把项目数据全部量化，因此，使这项工作做起来就有理有据，容易解决。

我国某公司（乙方）承担的某项国外工程，由于当地的建设方（甲方）不能按期提供材料，导致工作不能按期完成，但要提出索赔时，由于乙方拿不出国际公认的网络计划数据，甲方故意推脱，问题迟迟得不到解决。后来乙方使用国际公认的项目管理软件，定量地展现出建设方（甲方）对乙方所造成的损失时，甲方才不得不承认这个事实，索赔问题很快解决了。

（4）项目动态跟踪

有效地进行项目动态跟踪是保证项目目标实现的关键。Project 按照项目进展客观规律设置了许多跟踪措施，使长期困扰项目经理的跟踪难问题得以顺利解决。动态跟踪使经理们减少了盲目性，提高了效率，保证了目标实现。

2. Project 的特性

这个软件的主要优点是它与微软其他产品（Access、Excel、PowerPoint、Word）很相似，菜单栏、工具栏几乎一样。用户可以在应用文件之间轻松来回地移动信息资料，例如可以把 Excel 资源表中的成本信息轻松地转移到 Microsoft Project 中，Microsoft Project 中的甘特图也可轻松地移入 Word 文件中。日常用语、提示卡以及大量帮助范例大大简化了程序的应用，交互式日程系统、电子邮件以及分配设备的功能很强大。

归纳起来 Project 的特性如下：

（1）事前规划

符合实际计划的步骤，使用鼠标器在工具条中点一下，便可将项目任务循序输入系统中，同时可设定好各个任务之间的逻辑关系。已建立好的计划可储存成样板文件，以备日后类似的计划使用。

各种项目根据其性质用不同的时距（工期）来计划并控制项目。Project 的最小时距单位为“分”，项目计划的规划水平可以扩及数年。

（2）组织分级计划

Project 提供两种不同的方式组织大的项目计划，大纲（outline）与子项目（subproject）。大纲是将一个任务细分为成数个子任务，用户可针对汇总性任务项目或细节任务进行操作。对汇总性任务项目无法预先设定完成时间，它取决于各子任务的时间与任务。子项目的应用主要是划分大计划，形成多人或分组同时进行的子计划，再集成生成全部计划。

（3）以自定义系统辅助操作

产生自定义图形按钮（button）用以操作。使用宏命令来执行一个特定处理程序、产生自定型使用界面、设计自定型输入表单与下拉式选单等用户界面选项中有一个宏选单，其中有数个已编写好的、经常执行的操作而生成的宏命令。

（4）有效的管理资源

在 Project 中，只要资源库已建立，只需使用鼠标就能将资源分配在一个任务中，同时也可使不同的项目使用相同资源库中的资源。

（5）成本控制

在 Project 中可利用差异分析报表追踪成本，并以实际成本来监测计划的成本效益，同时可以预测现金流量。成本控制除以工序为单位外，也可用资源为单位，有效地控制每个资源的使用。此外，还可以设定项目的追踪点，随时可以获得预测值去和预算比较，超过设定值就马上报警。

（6）集成的工作环境

Project 可利用 Windows 的“集成性工作环境”，使用动态数据交换（DDE）与对象嵌入和连接（OLE）使用其他应用软件所产生的图形与数据。例如，将 Project 的资源成本数据动态连接到 Excel 电子表中，进行各种成本分析，绘制统计图表，最后再将这个图形对象以动态连接方式连接回 Project 环境中。

3. 按 PMBOK 九大知识体系划分 Project 2003 软件中的项目管理技术体现

• 范围管理方面：工作分解结构法（WBS）

• 时间管理方面：横道图，里程碑、关键线路法（CPM）、计划评审技术（PERT）

• 成本管理方面：自下向上成本估算技术、成本累计曲线（S 曲线）、挣得值评价技术

• 人力资源管理：目标管理、责任矩阵、资源需求直方图

• 风险管理方面：蒙托卡罗模拟法、基础统计技术

• 沟通管理方面：基于电子邮件和 Web 的项目协调技术

Project 不仅可以快速、准确地建立项目计划，使项目管理者从大量繁琐的计算绘图中解脱出来，而且还可以帮助项目经理实现项目进度监测和成本分析、预测、控制等靠人工根本无法实现的功能，使项目工期大大缩短，资源得到有效利用，提高经济效益。近几年来我国应用该软件的企业和项目数量迅速增长。

第 2 章 项目管理的内容

第 1 节 项目范围管理

一、项目范围管理的基本概念

项目范围管理是对一个项目从立项到完成整个生命期中所涉及的工作范围进行的管理和控制。项目组织要想成功地完成一个项目，达到项目目标，必须开展一系列的工作，这些必须开展的项目工作内容就构成了一个项目的工作范围。

项目范围管理过程和内容：

1. 项目启动——授权开始项目或项目的某一阶段。

2. 项目范围计划编制——编制一个书面说明，作为项目决策的基本依据。

3. 项目范围界定——依据项目的可交付成果和项目目标，具体界定项目任务和工作过程，将项目按可交付成果细分为几个更易管理的单元。

4. 项目范围核实——对项目范围进行正式认可，对已经完成的项目可交付成果进行确认。

5. 项目范围变更控制——控制项目范围的变更。

项目范围管理的内容如图 2—1 所示，此图转引自电子工业出版社出版的《PMI—PMBOK》（第 3 版）第 90 页。项目范围管理的过程如图 2—2 所示。

图 2—1　项目范围管理的内容

二、项目范围计划

当正式承认一个新项目的存在或一个已有项目应该进入到下一阶段时，就意味着项目的正式启动。项目启动后，一个重要问题是明确项目的目标和项目的范围，也就是明确实施某个项目所要达到的期望结果，以及实施项目所必须要做的工作的具体内容，换句话说就是项目的期望可交付成果，以及要做些什么样的工作才能够

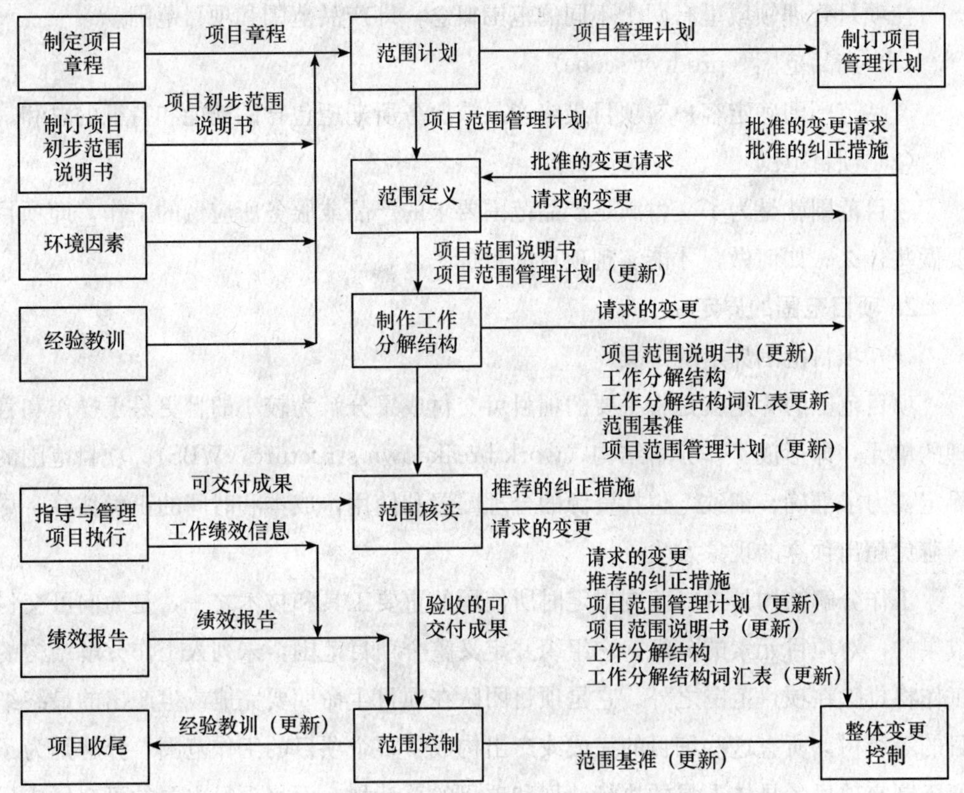

图 2—2　项目范围管理的过程

实现项目的预期目标。

1. 范围计划

范围计划即确定项目范围并编写项目范围说明书，项目范围说明书阐明为什么要进行这个项目。明确项目目标和主要的可交付成果是项目实施的重要基础。

2. 项目分解

为了便于制订项目整体规划和各部分具体计划，利用工作分解结构（WBS）将项目及其主要可交付成果划分成一些较小、更易于管理的部分，以便使这些部分的费用、时间、其他资源更容易确定。

三、项目范围定义与界定

1. 项目范围的定义

项目范围（project scope），包括项目的最终产品或服务以及实现该产品或服务所需要做的各项具体工作。所以从这种意义上讲，项目范围的确定就是为成功地实现项目的目标，规定或控制哪些方面是项目应该做的，哪些是不该做的。

在项目管理领域里有两个不同的范围概念，即产品范围和项目范围。

（1）产品范围（product scope）

产品范围即确定客户对项目最终产品或服务所期望包含的功能和特征的总和。

（2）项目范围

项目范围就是为了交付满足产品范围要求的产品或服务所应做的工作，即项目要做些什么、如何做，才能实现项目的目标。

2. 项目范围的界定

（1）项目范围界定的定义

项目范围的界定就是将主要的项目可交付成果分解为较小的且更易于操作和管理的单元，即形成工作分解结构（work breakdown structure，WBS）。项目范围的界定要力求准确、细致，包括资源的合理配置和使用，成本和时间的正确估算，尽量避免超出预算的现象发生。

工作分解结构是进行范围界定时所使用的重要工具和技术之一，是面向可交付成果的，对项目元素的分组。它组织并定义整个项目范围，未列入工作分解结构的工作将排除在项目范围之外。它是项目团队在项目生命期要完成或生产出的最终细目的等级树，所有这些细目的完成或产出构成了整个项目的工作范围。分解是为了便于制定项目各具体人员的执行计划和项目的总计划，而将项目主要的可交付成果分解为较小的、更易管理的组成部分，以便给未来的项目活动——计划编制、执行、控制和收尾等提供一定的帮助。

（2）范围界定的工具

范围界定的工具是工作分解结构模板和分解。

工作分解结构模板是借助类比项目的历史信息而形成的 WBS 框架。大型项目的模板会给新的同类项目 WBS 的形成节省大量的时间和费用。

分解就是把项目可交付成果分为更小的管理部分，达到 WBS 的最低层工作单元。

（3）项目范围界定的过程

项目范围界定的过程是在充分研究客户的需求建议书的基础上，依据项目范围说明书将项目范围内的工作分解为具体、细致、明确的执行单元，以此为依据绘制工作分解结构图。接着还要编写项目工作分解结构词典，对项目工作分解结构的所有工作包进行详细说明。再将这个树型结构中的每一项工作都落实到项目成员上，建立起描述项目责任落实情况的项目组织分解结构（organization breakdown structure，OBS），同时还需要为各项目成员配备必要的资源，建立起描述资源配置情况的项目资源分解结构（resource breakdown structure，RBS），为项目展开后预防和跟踪风险建立风险分解结构（risk breakdown structure，RBS）。

四、项目范围变更与控制

项目处在一个不断发展变化的环境之中，因此，项目本身也难免发生各种各样的变化，于是项目团队需要对项目进行不同的修改，这些变化和修改就是变更。变更发生在项目的范围、进度、质量、费用、风险、人力资源、沟通以及合同等各个方面，并将对其他方面产生一定的影响。其中范围变更（scope change）的请求可能由不同的来源提出，以不同的形式出现，如口头的或书面的，直接的或间接的，外部提出的或内部提出的，法律强制性的或可选择的等。

1. 范围变更

变更可能是扩展项目范围，也可能是缩小项目范围。范围的变更可能导致成本、时间、质量或其他项目目标的变更。

当出现了范围变更请求时，项目团队应该核查该项目的所有领域以确定该变更的影响，并对可能造成的影响进行估算，估算实施该变更将耗费多长时间。由于估算会分散项目团队成员的精力，进而影响项目的正常进度，因此，并不是所有的变更申请都一定要实施。一旦有人提出变更申请，项目经理应该作出决定，必要的时候，可以询问变更控制委员会（Change Control Board，CCB）的意见。

范围变更应该反映到计划编制过程中，技术或计划编制的文档应当根据需要及时修正，并及时通知项目利益相关者。

对于变更，应采取纠正措施。根据变更，项目团队还应该对相应的基准文档进行修改，以反映已批准的变更并作为未来变更的新基准，也就是形成调整后的基准计划。

2. 范围控制

项目范围控制就是对项目范围变更的控制。变更并不一定意味着不良后果，也可以产生好的结果。重要的是如何管理变更，因为过多的变更或者一个显著的变更都会影响项目的成本、进度、范围和质量。应该对这些变更加以管理，并根据组织机构的相关政策来监视变更的实施情况。

项目范围控制涉及更改项目范围。项目范围规定了为得到项目的产品或服务而需要做的工作，这里包括：

- 产品要求——其中规定了项目最终交付的产品或服务的特性和功能。
- 产品范围——对产品特征的说明。

• 产品说明——记录项目产品或服务的技术特点。

范围控制应建立起一套正规程序，对处于动态环境中的项目变更进行有序的控制。禁锢或防止变化的计划不是控制，隐藏项目差错的做法更不是项目的控制。

范围变更控制的工具和方法主要有：范围变更控制系统、绩效测量、偏差分析以及补充计划编制等。

范围控制的基本分析过程如图 2—3 所示。

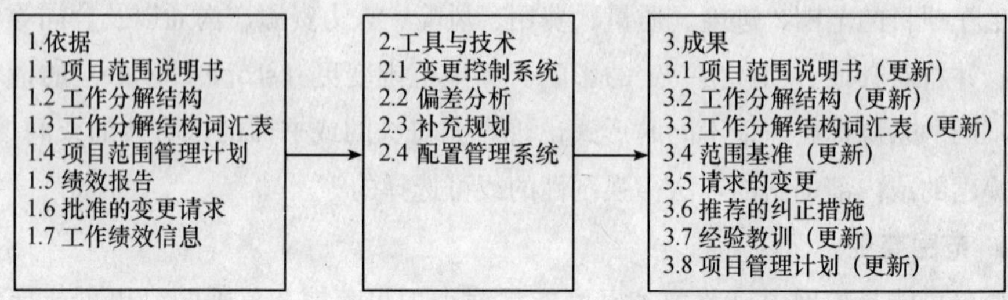

图 2—3　范围控制的基本分析过程

第 2 节　项目时间管理

一、项目时间管理的基本概念

项目时间管理是指为确保项目按时完成对所需要的各个过程活动进行的管理。时间管理的过程和内容包括：工作定义、工作排序、工作资源估算、工作持续时间的估算、项目计划的制订、进度计划的控制优化等。具体内容如图 2—4 所示。

二、项目时间管理的过程

1. 工作定义

为完成各种项目的可交付成果而确定必须进行的各项具体活动。

2. 工作排序

识别项目工作清单中各项活动的相互关联与依赖关系，并据此对项目各项工作的先后顺序进行安排。

3. 工作资源估算

估算完成各工作所需资源的种类和数量。

项目时间管理

一、工作定义
1.依据
1.1 环境因素
1.2 经验与教训
1.3 项目范围说明书
1.4 工作分解结构
1.5 工作分解结构词汇表
1.6 项目管理计划
2.工具与技术
2.1 分解
2.2 模板
2.3 滚动式规划
2.4 专家判断
2.5 规划组成部分
3.成果
3.1 工作清单
3.2 工作属性
3.3 里程碑清单
3.4 请求的变更

二、工作排序
1.依据
1.1 项目范围说明书
1.2 工作清单
1.3 工作属性
1.4 里程碑清单
1.5 批准的变更请求
2.工具与技术
2.1 紧前关系绘图法（PDM）
2.2 箭线绘图法（ADM）
2.3 进度网络模板
2.4 确定依赖关系
2.5 利用时间提前量和滞后量
3.成果
3.1 项目进度网络图
3.2 工作清单（更新）
3.3 工作属性（更新）
3.4 请求的变更

三、工作资源估算
1.依据
1.1 环境因素
1.2 经验与教训
1.3 工作清单
1.4 工作属性
1.5 资源可利用情况
1.6 项目管理计划
2.工具与技术
2.1 专家判断
2.2 多方案分析
2.3 行业估算数据指南
2.4 项目管理软件
2.5 自下而上估算
3.成果
3.1 工作资源要求
3.2 工作属性（更新）
3.3 资源分解结构
3.4 资源日历（更新）
3.5 请求的变更

四、工作持续时间估算
1.依据
1.1 环境因素
1.2 经验与教训
1.3 项目范围说明书
1.4 工作清单
1.5 工作属性
1.6 工作资源要求
1.7 资源日历
1.8 项目管理计划
2.工具与技术
2.1 专家判断
2.2 类比估算
2.3 参数模型
2.4 三点估算
2.5 后备分析
3.成果
3.1 工作持续时间估算
3.2工作属性（更新）

五、制定进度表
1.依据
1.1 经验与教训
1.2 项目范围说明书
1.3 工作清单
1.4 工作属性
1.5 项目进度网络图
1.6 工作资源要求
1.7 资源日历
1.8 工作持续时间估算
1.9 项目管理计划
2.工具与技术
2.1 进度网络分析
2.2 关键线路法
2.3 进度压缩
2.4 假设情景分析
2.5 资源平衡
2.6 项目管理软件
2.7 应用日历
2.8 任务平移
2.9 进度模型
3.成果
3.1 项目进度表
3.2 进度数据模型
3.3 进度基准
3.4 资源要求（更新）
3.5 工作属性（更新）
3.6 项目日历（更新）
3.7 请求的变更
3.8 进度管理计划（更新）

六、进度控制
1.依据
1.1 进度管理计划
1.2 进度基准
1.3 绩效报告
1.4 批准的变更申请
2.工具与技术
2.1 进度报告
2.2 进度变更控制系统
2.3 绩效衡量
2.4 项目管理软件
2.5 偏差分析
2.6 进度比较横道图
3.成果
3.1 进度数据模型（更新）
3.2 进度基准（更新）
3.3 绩效衡量
3.4 请求的变更
3.5 推荐的纠正措施
3.6 经验与教训（更新）
3.7 工作清单（更新）
3.8 工作属性（更新）
3.9 项目管理计划（更新）

图 2—4　项目时间管理的内容

4. 工作持续时间的估算

对项目确定的各项工作的时间长短进行估算。

5. 编制进度计划

根据项目工作顺序、工作时间和所需资源来编制项目进度计划。

6. 进度控制

对项目进度计划实施与项目进度计划变更所进行的管理控制工作。

7. 项目进度的控制与优化及进度控制的工具和技术

项目进度的控制与优化及进度控制的工具和技术包括：进行变更控制系统、绩效测量、进度管理软件、偏差分析等。

三、项目时间管理的技术与方法

1. 网络计划技术

用网络计划对任务的工作进度进行安排和控制，以保证实现预定目标的科学的计划管理技术。主要有以下 4 种：

(1) 关键线路法（critical path method，CPM）

计划中所有工作都必须按既定的逻辑关系全部完成，且对每项工作只估定一个确定的持续时间的网络计划技术。

(2) 计划评审技术（program evaluation and review technique，PERT）

计划中所有工作都必须按既定的逻辑关系全部完成，但工作的持续时间不确定，应进行时间参数估算，并对按期完成任务的可能性做出评价的网络计划技术。

(3) 图形评审技术（graphical evaluation and review technique，GERT）

计划中工作和工作之间的逻辑关系都具有不确定性质，且工作持续时间也不确定，因而按随机变量进行分析的网络计划技术。

(4) 风险评审技术（venture evaluation and review technique，VERT）

风险评审技术是指对工作、工作之间的逻辑关系和工作持续时间都不确定的计划，可同时就费用、时间、效能 3 方面作综合分析，并对可能发生的风险作概率估计的网络计划技术。

2. 持续时间的压缩

持续时间的压缩是指当网络计划执行过程中，出现计划拖延时，经分析后需压缩某些工作的持续时间，以保证项目按期完成。

3. 资源平衡

资源平衡是指每天的资源需用量力求接近平均值，避免出现短期内的高峰或低谷，在不延长项目完工时间的情况下建立资源均衡利用的进度计划。

4. 时差的应用

工作或线路可以利用的机动时间的应用。

5. 项目管理软件

专为项目进度、费用和合同等管理而编制的计算机应用程序。

四、进度计划表示方法

1. 横道图（gantt chart）

横道图又称甘特图，是以横向线条结合时间坐标来表示各项工作起迄时间和先后顺序的计划图表，如图 2—5 所示。

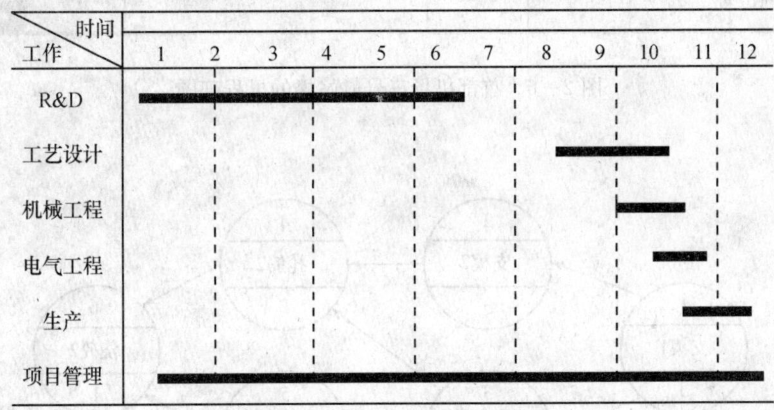

图 2—5　横道图

2. 里程碑图（milestone chart）

以项目中主要可交付成果的计划开始或完成的时间点表示的计划图表，例如首都机场三号航站楼计划的里程碑图，如图 2—6 所示。

3. 网络图

由箭线和节点组成的，用来表示工作流程的有向性、有序性的网状图形。常用的有单代号网络图和双代号网络图。

单代号网络图是用节点表示工作，用箭线表示关系的绘图方法（也称紧前关系绘图法—PDM），如图 2—7 所示。

双代号网络图是用箭线表示工作，用节点表示关系的绘图方法（也称箭线绘图法—ADM），如图 2—8 所示。

里程碑	8/04	2/05	5/05	12/05	6/06	3/07	5/07	06/07
基础完工		2月18日						
主体砼完工			5月21日					
钢结构完工				12月26日				
登机桥完工					6月13日			
装修完工						3月23日		
机电设备安装完毕							5月22日	
竣工验收								6月29日

图 2—6　首都机场三号航站楼的里程碑图

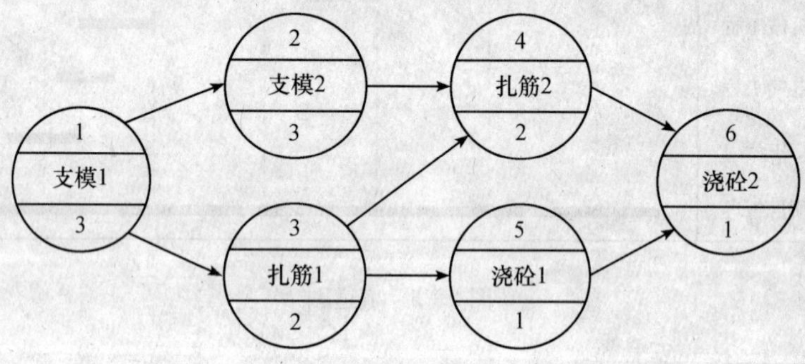

图 2—7　单代号网络图

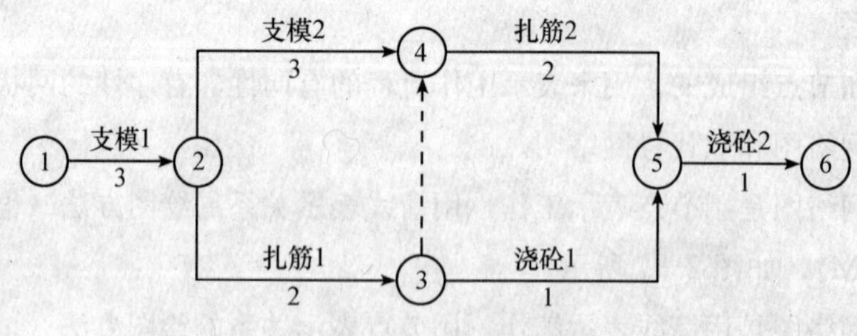

图 2—8　双代号网络图

第 3 节　项目费用管理

一、项目费用管理的基本概念

项目费用（project cost）是指形成项目产品全过程所耗用的各种费用的总和，其中包括：人工费、材料费、机械使用费、管理费、利润、税金等。

项目费用管理就是在已批准的预算范围内，确保项目保质按期完成。一般包括资源计划、费用估算、费用预算、费用控制 4 个主要过程。

1. 资源计划（resource planning）

确定用于进行项目工作的各种资源（人力、设备、材料）的种类和数量。这是费用管理的基础。在较大的项目中，这项工作会由专门的计划部门来完成，在小的项目中，项目经理也要开展此项工作。

2. 费用估算（cost estimating）

估计完成项目工作所需资源的费用。

3. 费用预算（cost budgeting）

将估算出来的全部费用分配给项目的每个工作环节，以确定费用控制基准。

4. 费用控制（cost control）

控制项目预算的变更。尽可能将项目的实际费用控制在预算范围内。

应该注意的是，虽然在介绍项目费用管理时这 4 个过程被相对独立出来。由于资源与时间的紧密联系，资源计划的内容在时间管理中已介绍过。资源计划以外的项目费用管理的内容，如图 2—9 所示。

二、资源计划

资源计划是通过分析和识别，确定项目需要投入的资源种类和数量。项目的完成需要多种资源，资源的获取需要一定的费用，即资源的成本。项目费用计划就是在资源计划的基础上，考虑资源成本形成的计划，包括项目费用管理计划和费用基准计划。

三、费用估算

费用估算就是对为完成项目各项活动所必需的费用的估计。费用估算涉及确定

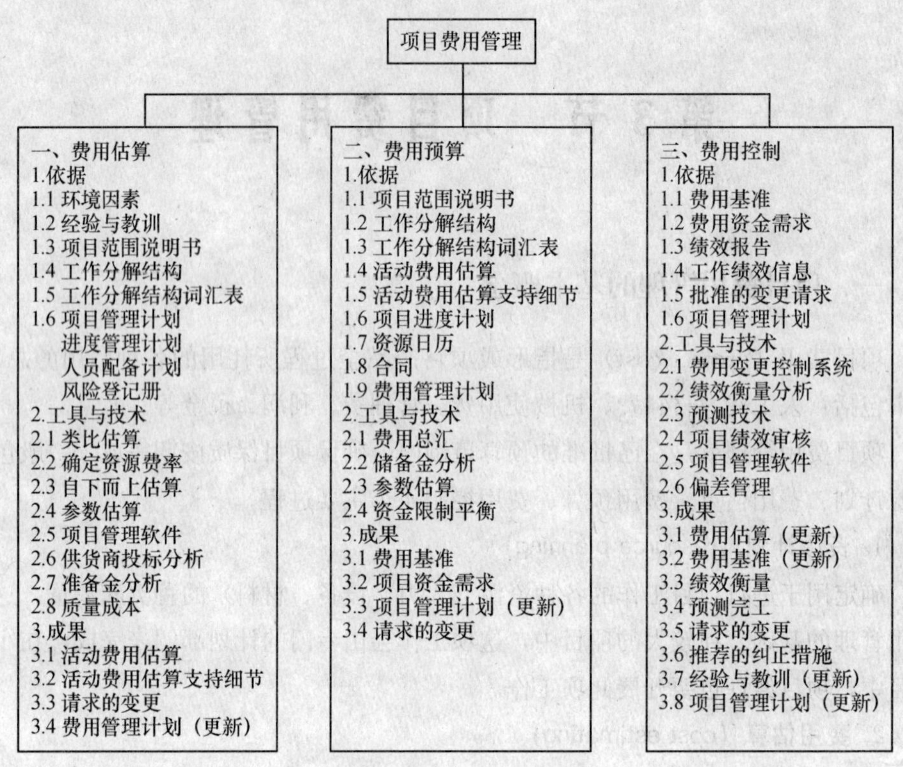

图 2—9　项目费用管理的内容

完成项目工作所需资源费用的近似（估算）值。费用估算通常用货币单位表示，也可用工时等其他单位表示。在很多情况下，费用估算必须采用多种计量单位表示，以利于项目组的管理控制。

费用估算包括考虑和确定各种不同的费用估算替代方案。

项目费用估算的方法主要有经验估算法、因素估算法、自上而下估算法、自下而上估算法、WBS 全面详细估算法、类比估算法、参数模型估计法、计算机软件估算法等，重点要掌握自上而下估算和自下而上估算两种方法。

四、费用预算

费用预算就是将整个费用估算分配到各单项工作上，以确定项目费用控制基准。编制项目预算的依据是费用估算、工作分解结构、项目进度计划和风险管理计划。

项目的费用预算主要有两个特性，首先是权威性，其次是约束性和控制性。对于费用预算来说，费用估算中所用到的方法与技术在这里同样适用。

费用预算是费用估算结果的一个更具权威的反映，如果估算的结果比较准确，预算的变动一般不会太大。由于估算本身就带有很多假设和不确定性，因而预算也会有同样问题。所以预算作为项目的费用基线，必然是动态的，适时调整的，以适应诸如新材料、新技术的出现和突发事件等因素对项目的影响。

五、费用控制

项目费用控制是项目费用管理的一项主要内容。费用控制用于保证项目的各项工作在预算或可接受范围内进行，这是项目成功完成的一个重要指标。费用控制关注的是影响项目费用曲线改变的因素，确定费用曲线的改变并对其加以控制。费用控制的关键在于找到可以及时分析的费用。

用绩效的方法，尽早地发现费用使用过程中的差异和无效率，在项目失控之前及时采取纠正措施。一般而言，一旦费用使用失控，想要在预算内完成项目是非常困难的。

项目费用控制保证项目的各项工作在预算或可接受范围内执行，用于控制预算的变更。所有控制系统都需要基准（目标）和反馈，而项目费用控制的基准就是项目费用预算。在控制费用时，首先要规定各部门定期汇报其费用报告，再由审计部门对这些报告进行费用审核，以保证各种支出的合法性。其次要将已发生的费用与预算相比较，分析费用偏差的情况。最后要找出原因，并采取必要的纠正措施。费用控制原理如图 2—10 所示。

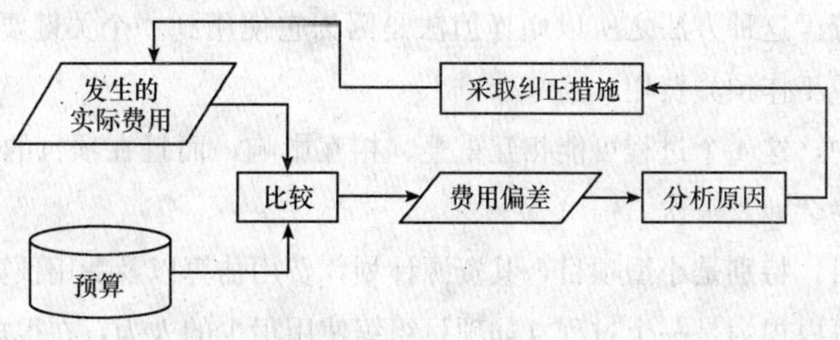

图 2—10　费用控制原理

费用控制过程主要包括：监控费用执行情况（进展报告），查明与预算的偏差；确保所有适宜的更改已经在费用曲线中准确地记录下来，通知相关部门（更改申请），并进行控制。

需要注意的是，由于进度、费用和技术三者相互影响、密不可分，费用的控制还必须考虑与其他控制过程如进度控制、质量控制、范围控制等相协调。如果只片面地严格控制费用，可能会导致进度或质量方面出现问题，而造成事倍功半的结果，最终只能是费用超支。

费用控制中经常用到的文档是进展报告和变更申请。进展报告用于提供费用执行方面（哪些预算已经满足，哪些尚未满足）的信息。进展报告也可提醒项目团队注意可能引起麻烦的不利因素。该报告可以使用多种方法来报告费用信息，较常用的是开支表、直方图和S曲线等。进展报告可针对所有的异常或某个异常来编写。

变更申请可以以多种形式出现——口头或书面的、直接或间接的、外部或内部的、强制性或可选择的。除非紧急情况，口头变更申请必须在处理之前形成书面文件。

1. 费用审计是费用控制的重要手段

项目费用审计是派遣有胜任能力的独立人员确定项目管理中有关费用使用情况与既定标准的符合程度，并向项目利益相关人提交相应的审计报告。既定标准涉及费用使用的合法性、合理性和有效性等。费用审计是项目审计的重要组成部分，是项目费用管理的一种辅助手段，贯穿于项目的全过程。

费用审计可以按照项目的生命期或者里程碑来进行安排，一般可分为项目计划期费用审计、项目实施期费用审计和项目结束期费用审计等3个阶段。

2. 挣值分析是费用管理的一种有效工具

挣值法是通过分析项目目标实施与项目目标期望之间的差异，从而判断项目实施的费用、进度绩效的一种方法，又称偏差分析法。它的独特之处在于将费用和进度统一起来考虑，用预算和费用来衡量项目的进度，是项目费用和进度控制系统的重要组成部分。这种方法之所以叫挣值法是因为它使用到一个关键要素——挣值，也称为已完成工作预算费用。

在实践中，这4个过程可能相互重叠、相互影响，而且在项目的各个阶段中，每一过程至少会涉及一次。

某些项目，特别是小型项目，其资源计划，费用估算以及费用预算之间的联系非常紧密，可以视为是一个过程（如项目组织使用很少的人力，在很短的时间内完成）。但是要注意的是，这其中的每一个过程所使用的工具和技术是不同的，在实际操作中应加以区别。

第 4 节　项目质量管理

一、质量管理的基本概念

我国国家标准 GB/T 1900—2000 对质量的定义是：一组固有特性满足要求的程度。质量不仅指产品，质量也可以是某项活动或过程的工作质量，还可以是质量管理体系运行的质量。

ISO 9000 关于质量管理的定义是：质量管理是在质量方面指挥、控制、组织、协调的活动。通常包括制定质量方针和质量目标以及质量策划、质量控制、质量保证和质量改进。

二、质量计划

质量计划确定项目应该达到的质量标准和如何达到这些质量标准的工作计划和安排。

三、质量保证

质量保证是质量管理的一部分，致力于提供质量要求会得到满足的信任，是确保项目实施能满足要求所需的过程。

四、质量控制

项目质量控制是监控具体项目结果以确定其是否符合相关的质量标准，并制定相应措施来消除导致不符合质量标准的原因，确保项目质量得以实现的过程。质量控制的范围涉及项目质量形成过程的各个环节。

五、质量审核

质量审核指明所进行的质量审核的性质和范围，以及如何使用审核结果以纠正和预防影响项目的不良因素重复出现。它是保证质量的工具，也是控制的延续，还是新的质量计划更新的基础。

质量管理的具体内容和过程如图 2—11 和图 2—12 所示。

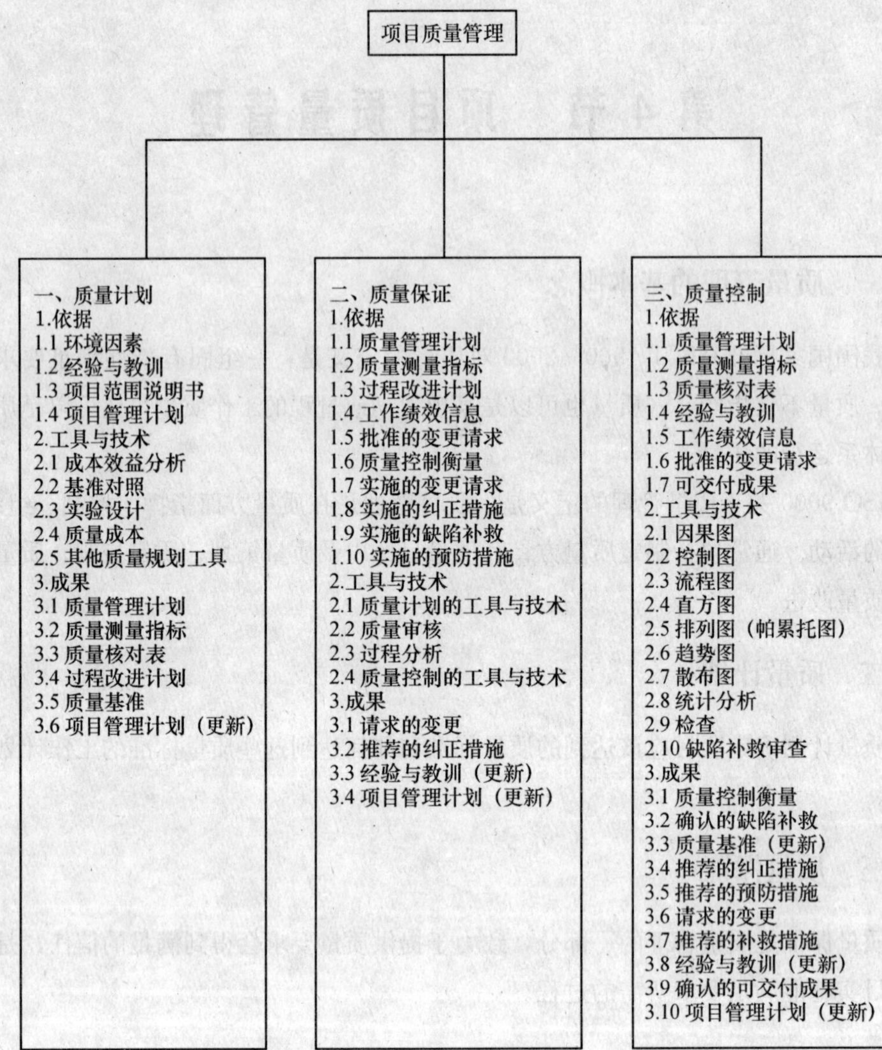

图 2—11　项目质量管理的内容

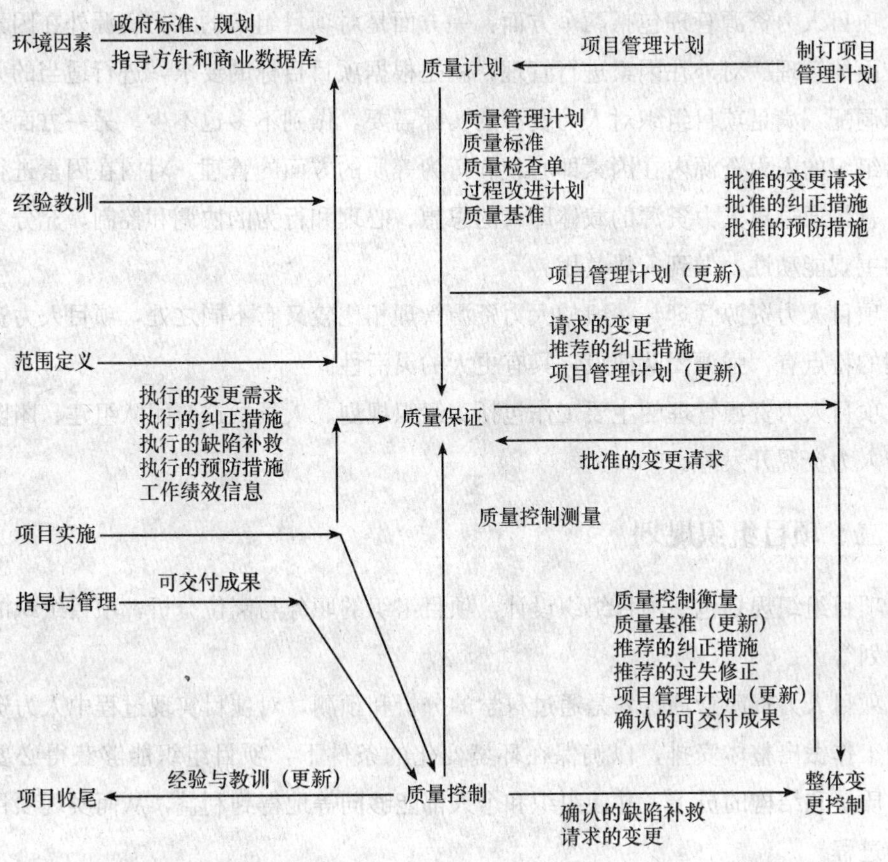

图 2—12　项目质量管理过程

第 5 节　项目人力资源管理

一、项目人力资源管理的基本概念

项目人力资源管理是对项目的人力资源所开展的有效的规划、积极的开发、合理的配置、准确的评估、适当的激励等方面的管理工作。项目人力资源管理可以定义为根据项目目标，采用科学的方法，对项目组织成员进行合理的选拔、培训、考核、激励，使其融合到组织之中，并充分发挥其潜能，从而保证高效实现项目目标的过程。

项目人力资源管理包括两个方面：一方面是对项目组织的人力资源外在因素即量方面的管理。对外在因素进行管理，就是根据项目目标的要求，进行适当的人力资源调配，满足项目组织对人力资源的实际需要，做到不多也不少。另一方面是对项目组织的人力资源内在因素即心理和行为等质的方面的管理。对内在因素进行管理，就是通过对人力资源的载体即人的思想、心理和行为的协调和控制，充分发挥人的主观能动性，做到人尽其用。

项目人力资源管理与一般的人力资源管理相比较又有不同之处，项目人力资源管理的特点有：强调团队建设，具有更大的灵活性。

项目人力资源管理的主要工作包括：组织规划、人员甄选与团队组建、团队建设与人力资源开发等。

二、项目组织规划

项目组织规划包括项目组织设计，项目组织的职务与岗位分析，项目组织的工作计划等。

项目人力资源管理计划是通过科学的分析和预测，对项目实现过程中人力资源管理工作做出整体安排，以确保在环境变化的条件下，项目组织能够获得必要数量、质量和结构的员工，并使组织和个人都能够同等地得到利益，从而实现项目目标的过程。

三、项目团队组建与人员配置

通过人员招聘、选拔、录用等各种方式甄选项目所需人力资源，并根据人力资源个体的技能、素质、经验、知识进行安排和配备。团队组建和人员配备对于项目组织而言是一项十分重要的工作，合理的人力资源配备不仅可以降低人力资源成本，而且有利于充分挖掘人力资源的潜力，提高项目组织的工作效率。

团队组建一般应遵循以下原则：目标性原则、人尽其才原则、专业化原则和灵活性原则。

四、项目团队建设与管理

对项目人员进行培训、绩效考核与激励，使员工拥有必要的技能和知识并不断获得发展。要着力培养全体人员为实现项目目标所需要的同心协力、群策群力的团队精神。团队是由两个或者两个以上的人组成的，通过成员之间相互影响、相互作用，在行为上有共同规范的介于组织与个体之间的一种组织形态。

项目团队的形成需要具备如下基本要素：项目成员有着共同的目标，为完成共同目标，成员之间彼此合作；项目成员之间互相依赖、互相影响，彼此之间形成一种默契和关心；项目成员具有团队意识，具有归属感、责任心。

团队管理是对团队成员的绩效与角色和职责定位进行科学的匹配，进而达到提高项目绩效的目的。

项目人力资源管理的内容如图 2—13 所示。

图 2—13　项目人力资源管理的内容

第 6 节　项目信息与沟通管理

一、项目沟通管理的基本概念

沟通（communication）就是信息的理解和传递，这种信息沟通和交流可以是通信工具之间的，如电报、电话、传真等，可以是人与机器之间的，也可以是人与人之间的，还可以是组织与组织之间的。

项目沟通主要是项目团队与其他组织、项目团队成员之间的信息理解和传递。项目沟通贯穿于项目的整个生命期，例如在项目的概念阶段识别客户需求、明确项目目标等需要沟通；在项目的计划阶段制订进度计划、质量计划等需要沟通；在项目的实施阶段检查、协调等需要沟通；在项目的收尾阶段评审、验收等也需要沟通。

项目沟通管理（project communication management）是确保及时、正确地产生、收集、发布、储存和最终处理项目信息所需的有效沟通过程，包括为确定项目利益相关者的信息需求和沟通需要编制沟通计划、及时向项目利益相关者提供所需的信息、收集并发送有关项目进展的信息，以及生成、收集和发布项目阶段定型或项目完成的信息等。项目沟通管理的目的是确保项目的有关信息能够在适当的时间以适当的方式产生、收集、处理、储存和交流。

二、项目沟通计划

项目沟通计划涉及项目全过程的沟通工作、沟通方法、沟通渠道等各个方面的计划和安排。项目沟通计划编制的作用是在项目实施之前就决定项目的有关信息应该发布给谁、由谁发布、用什么方法发布、什么时间发布等，以确保项目信息能得到有效收集、储存、传递和使用。项目沟通计划编制的过程与一般计划编制的过程基本上是一致的。

三、项目信息管理

项目信息管理就是把项目信息作为管理对象进行管理，包括项目信息的收集、处理、储存、传递与应用。项目信息管理的目的是根据项目信息的特点，有计划地组织信息沟通，确保决策者能及时、准确获得相应的信息。

收集是项目信息管理的前提；传递是通过一定的方式将项目信息及时地传递到信息需求者手中；分析是对收集到的项目信息进行整理、鉴别、分析、汇总、归类，作出推测、判断、决策，并注意剔除一些无关的信息，避免信息量过大，导致重要信息可能被遗漏。

四、项目沟通计划的执行和绩效报告

项目沟通管理计划执行与信息管理相结合，最终形成绩效报告。绩效报告是项目进展到当前的基准数据的汇总，是项目管理班子向利益相关者提供的绩效信息，也称为项目进展报告。

绩效报告可以由团队成员向项目经理提供，或由项目经理向项目业主或客户提供，或是由项目经理向其上层管理者提供。绩效报告通常有一个报告期，报告期可以是一年、一个季度、一个月也可以是一周，只要是对于项目来说合适的时期就可以。绩效报告是为项目所有利益相关者编写的，是项目利益相关者之间沟通的重要资料，可以提醒项目团队注意将来有可能遇到的问题。

绩效报告一般有日常报告、例外报告和特别分析报告 3 种。

五、项目沟通控制与冲突管理

项目信息在交换和传递过程中会受到各种因素的干扰，从而造成沟通障碍，因此要选择适用的沟通方式、方法和渠道，对沟通中的内部和外部因素进行控制，克服沟通障碍，以保证在有限的时间、有限的成本内实现信息传递的有效性，正确性和及时性。

冲突就是项目中各因素在整合过程中出现了不协调的现象。冲突管理是项目管理者利用现有技术方法，对出现的不协调现象进行处置或对可能出现的不协调现象进行预防的过程。项目经理是在冲突的不断解决中走向项目目标的。

解决项目冲突，对利益相关者进行管理是沟通控制的两项主要工作。

项目沟通管理的内容如图 2—14 所示。

图 2—14　项目沟通管理内容

第 7 节　项目风险管理

一、项目风险管理的基本概念

项目风险管理是指通过风险识别、风险分析和风险评价去认识项目的风险，并以此为基础，合理地使用各种风险应对措施、管理方法技术和手段，对项目的风险实行有效的控制，妥善地处理风险事件造成的不利后果，以最少的成本保证项目总体目标实现的管理工作。

二、项目风险管理的知识体系

1. 风险管理计划

依据项目所处的环境和组织已有资源条件制定对项目可能出现的风险进行管理的方案。

2. 风险识别

确定可能对项目造成影响并多次发生的事件。

3. 风险评估

通过对风险的定性和定量分析，评估风险发生的概率及风险事件对项目的影响。

4. 风险应对计划

根据已掌握的技术或已有的经验，提出回避、减少、转移或接受风险的应对措施。

5. 风险控制

应对和处理发生的风险事件，消除和缩小风险事件的后果，采取各种风险防范措施，监控项目潜在风险的发展。

项目风险管理的内容如图 2—15 所示。

项目风险管理

一、风险管理计划
1.依据
1.1 环境因素
1.2 经验与教训
1.3 项目范围说明书
1.4 项目管理计划
2.工具与技术
2.1 规划会议
2.2 分析
3.成果
3.1 风险管理计划

二、风险识别
1.依据
1.1 环境因素
1.2 经验与教训
1.3 项目范围说明书
1.4 项目管理计划
1.5 风险管理计划
2.工具与技术
2.1 文件审查
2.2 信息搜集系统
2.3 核对表分析
2.4 假设分析
2.5 图解分析
3.成果
3.1 风险登记册

三、定性风险分析
1.依据
1.1 经验与教训
1.2 项目范围说明书
1.3 风险管理计划
1.4 风险登记册
2.工具与技术
2.1 风险概率与影响评估
2.2 概率与影响矩阵
2.3 风险分类
2.4 项目管理软件
2.5 风险紧迫性评估
3.成果
3.1 风险登记册（更新）

四、定量风险分析
1.依据
1.1 经验与教训
1.2 项目范围说明书
1.3 风险管理计划
1.4 风险登记册
1.5 项目管理计划
2.工具与技术
2.1 数据收集和表示技术
2.2 定量风险分析和模型技术
3.成果
3.1 风险登记册（更新）

五、风险应对计划
1.依据
1.1 风险管理计划
1.2 风险登记册
2.工具与技术
2.1 消极风险或威胁的应对策略
2.2 积极风险或机会的应对策略
2.3 威胁或机会的应对策略
2.4 应急应对策略
3.成果
3.1 风险登记册（更新）
3.2 项目管理计划（更新）
3.3 与风险相关的合同协议

六、风险控制
1.依据
1.1 风险管理计划
1.2 风险登记册
1.3 绩效报告
1.4 批准的变更申请
1.5 工作绩效信息
2.工具与技术
2.1 风险再评估
2.2 风险审计
2.3 技术绩效衡量
2.4 储备金分析
2.5 偏差和趋势分析
2.6 状态审查会
3.成果
3.1 风险登记册（更新）
3.2 请求的变更
3.3 推荐的纠正措施
3.4 推荐的预防措施
3.5 经验与教训（更新）
3.6 项目管理计划（更新）

图 2—15　项目风险管理的知识体系

第 8 节　项目采购与合同管理

一、项目采购管理与合同管理的基本概念

采购是项目执行中的一个关键步骤，项目采购是指从项目组织外部获得货物和

服务（合称产品）的过程。它包含的买卖双方各有自己的目的，并在既定的市场中相互作用。卖方在这里称为承包商、承约商，常常又叫做供应商。承包商或卖方一般都把他们所承担的提供货物或服务的工作当成一个项目来管理。

二、项目采购与合同管理的知识体系

项目采购与合同管理的内容如图 2—16 所示。

图 2—16　项目采购管理的内容

1. 采购规划

确定采购何物及何时、如何采购。

2. 采购实施计划

记录产品、服务或成果要求，并确定潜在的卖方。

3. 询价

根据情况获取信息、报价、投标书、报盘或建议书。

4. 卖方选择

评定报价，在潜在的卖方中进行选择，并与卖方洽谈书面合同。

5. 项目合同管理与合同收尾

项目合同是指项目业主或其代理人与项目承包人或供应人为完成一个确定的项目所指向的目标或规定的内容，明确相互的权利义务关系而达成的协议。

合同管理是保证承包商的实际工作满足合同要求的过程。在有多个承包商的大项目上，合同管理的一个重要方面就是管理各承包商之间的关系，审查并记录卖方当前的绩效，以确定所需要的纠正措施，并为将来变更与卖方的关系提供依据，管理与合同相关的变更，并在适当时管理与外部买方的合同关系。合同关系的法律性质要求项目管理组织必须十分清醒地意识管理合同时所采取的各种行动的法律后果。

在合同执行完成或因各种原因终止时，要对合同的各种文档进行整理，并根据已经完成的情况支付尾款，适时关闭合同。如果项目非正常终止，要做好依据合同进行索赔和反索赔的工作。

采购管理是与选定的各个供应商进行合同谈判、签订和履约的管理过程。选定采购产品的供应商之后，项目组织要与各个供应商进行谈判、确定供货条件、明确合同条款、签订合同、监督合同履行。

第 9 节　项目综合管理

一、项目综合管理的基本概念

项目综合管理（project integrated management）又称集成管理或整体管理，它是指为保证项目各项工作能够协调配合而展开的综合性和全局性的管理工作。

项目管理包括若干专项管理，如项目目标管理、时间管理、费用管理、质量管理、风险管理、采购管理等，由于各专项管理之间存在着关联性，当某项管理活动发生变化时，可能引起其他项管理活动的变化，这时就需要从全局出发，进行协调和统一。

项目综合计划是指以项目的各种单项计划的结果为基础，从战略和全局的目标出发，运用集成和综合平衡的方法所制定出来的、用于指导项目实施和管理的综合计划文件。

以上提到的只是一般的项目综合计划包括的主要内容。不同规模和不同行业领域的项目综合计划会有各自的特点。

项目综合控制中，特别要注意进度、费用、质量和资源的综合协调。

1. 项目工期与费用的综合管理

项目的工期与费用必须协调统一，要使项目按规定工期完成的同时最省费用。

2. 项目工期与质量的综合管理

项目工期与质量必须统一，要使项目按规定工期完成的同时满足质量要求。

3. 项目费用与质量的综合管理

项目费用与质量必须协调统一，在满足项目质量要求的同时最省费用。

4. 项目进度、费用、质量与资源的综合管理

进度、费用、质量与资源这四项要素的关系非常密切，其中任何一个要素的变动，都会引起其他要素的变动，要着重对这四项要素进行综合管理。

二、项目综合管理的知识体系

项目管理还注重对项目目标与项目战略目标、项目工作目标与项目最终产品、本项目目标与其他项目目标、项目工作与生产运作以及项目中不同参与者等众多方面的综合管理。而 PMBOK 则把整个项目实施的流程作为一个整体看待，构建了一个项目综合或整体管理的内容体系。

项目综合管理的内容如图 2—17 所示。

表 2—1 和表 2—2 及图 2—18 和图 2—19 是中国（双法）项目管理专业委员会的知识体系，供读者学习时参考，以便对我国研究项目管理知识体系的进展有所了解。

项目综合管理

一、制定项目章程
1.依据
1.1 合同
1.2 项目工作说明书
1.3 环境因素
1.4 经验与教训
2.工具与技术
2.1 项目选择方法
2.2 项目管理方法论
2.3 PMIS
2.4 专家判断
3.成果
3.1 项目章程

二、制定项目初步范围说明书
1.依据
1.1 项目章程
1.2 项目工作说明书
1.3 环境因素
1.4 经验与教训
2.工具与技术
2.1 项目管理方法论
2.2 PMIS
2.3 专家判断
3.成果
3.1 项目初步范围说明书

三、制订项目管理计划
1.依据
1.1 项目初步范围说明书
1.2 项目管理各过程
1.3 环境因素
1.4 经验与教训
2.工具与技术
2.1 项目管理方法论
2.2 PMIS
2.3 专家判断
3.成果
3.1 项目管理计划

四、指导与管理项目执行
1.依据
1.1 项目管理计划
1.2 批准的纠正措施
1.3 批准的预防措施
1.4 批准的变更请求
1.5 批准的缺陷补救
1.6 确认的缺陷补救
1.7 管理收尾程序
2.工具与技术
2.1 项目管理方法论
2.2 PMIS
3.成果
3.1 可交付成果
3.2 请求的变更
3.3 实施的变更请求
3.4 实施的纠正措施
3.5 实施的预防措施
3.6 实施的缺陷补救
3.7 工作绩效信息

五、监控项目工作
1.依据
1.1 项目管理计划
1.2 工作绩效信息
1.3 否决的变更请求
2.工具与技术
2.1 项目管理方法论
2.2 PMIS
2.3 挣值技术
2.4 专家判断
3.成果
3.1 推荐的纠正措施
3.2 推荐的预防措施
3.3 预测
3.4 推荐的缺陷补救
3.5 请求的变更

六、整体变更控制
1.依据
1.1 项目管理计划
1.2 请求的变更
1.3 工作绩效信息
1.4 推荐的纠正措施
1.5 推荐的预防措施
1.6 推荐的缺陷补救
1.7 可交付成果
2.工具与技术
2.1 项目管理方法论
2.2 PMIS
2.3 专家判断
3.成果
3.1 批准的变更请求
3.2 否决的变更请求
3.3 项目管理计划(更新)
3.4 项目范围说明书（更新）
3.5 批准的纠正措施
3.6 批准的预防措施
3.7 批准的缺陷补救
3.8 确认的缺陷补救
3.9 可交付成果

七、项目收尾
1.依据
1.1 项目管理计划
1.2 合同文件
1.3 环境因素
1.4 经验与教训
1.5 工作绩效信息
1.6 可交付成果
2.工具与技术
2.1 项目管理方法论
2.2 PMIS
2.3专家判断
3.成果
3.1 管理收尾程序
3.2 合同收尾程序
3.3 最终产品、服务或成果
3.4 经验与教训（更新）

图 2—17　项目综合管理的内容

表 2—1　　中国项目管理知识体系

（基于项目生命周期的框架）

2　项目与项目管理			
2.1　项目　2.2　项目管理			
3　概念阶段 3.1　一般机会研究 3.2　特定项目机会研究 3.3　方案策划 3.4　初步可行性研究 3.5　详细可行性研究 3.6　项目评估 3.7　项目商业计划书的编写	4　开发阶段 4.1　项目背景描述 4.2　目标确定 4.3　范围规划 4.4　范围定义 4.5　工作分解 4.6　工作排序 4.7　工作延续时间估计 4.8　进度安排 4.9　资源计划 4.10　费用估计 4.11　费用预量 4.12　质量计划 4.13　质量保证	5　实施阶段 5.1　采购规划 5.2　采购的实施 5.3　合同管理基础 5.4　合同履行与收尾 5.5　实施计划 5.6　安全计划 5.7　项目进展报告 5.8　进度控制 5.9　费用控制 5.10　质量控制 5.11　安全控制 5.12　范围变更控制 5.13　生产要素管理 5.14　现场管理与环境保护	6　收尾阶段 6.1　范围确认 6.2　质量验收 6.3　费用决算与审计 6.4　项目资料与验收 6.5　项目交换与清算 6.6　项目审计 6.7　项目后评价
7　公用知识			
7.1　项目管理组织形式 7.2　项目办公室 7.3　项目经理 7.4　多项目管理 7.5　目标管理与业务过程 7.6　绩效评价与人员激励机制	7.7　企业项目管理 7.8　企业项目管理组织设计 7.9　组织数据 7.10　团队建设 7.11　冲突管理 7.12　沟通规划	7.13　信息分发 7.14　风险管理规划 7.15　风险识别 7.16　风险评估 7.17　风险量化 7.18　风险应对计划	7.19　风险监控 7.20　信息管理 7.21　项目监理 7.22　行政监督 7.23　新经济项目管理 7.24　法律法规
8　方法与工具			
8.1　要素分层法 8.2　方案比较法 8.3　资金的时间价值 8.4　评价指标体系 8.5　项目财务评价 8.6　国民经济评价方法	8.7　不确定性分析 8.8　环境影响评估 8.9　项目经理 8.10　模拟技术 8.11　里程碑计划	8.12　工作分解结构 8.13　责任矩阵 8.14　网络计划技术 8.15　甘特图 8.16　资源费用曲线	8.17　质量技术文件 8.18　并行工程 8.19　质量控制的数理统计方法 8.20　挣值法 8.21　有无比较法

表 2—2　**中国项目管理知识体系**

（基于项目管理职能领域的框架）

<table>
<tr><td colspan="4">2　项目与项目管理</td></tr>
<tr><td colspan="4">2.1　项目　2.2　项目管理</td></tr>
<tr><td colspan="3">论证与评估</td><td rowspan="3">企业项目管理
7.7　企业项目管理
7.8　企业项目管理组织设计
7.1　项目管理组织形式
7.4　多项目管理
7.5　目标管理业务过程
7.6　绩效评价与人员激励机制</td></tr>
<tr><td>3.1　一般机会研究
3.2　特定机会研究
3.3　方案策划</td><td>3.4　初步可行性研究
3.5　详细可行性研究
3.6　项目评估</td><td>3.7　项目商业计划书的编写
6.7　项目后评价</td></tr>
<tr><td>范围管理
4.1　项目背景描述
4.2　目标确定
4.3　范围规划
4.4　范围定义
4.5　工作分解
4.6　工作排序
5.12　范围变更控制
6.1　范围确认
6.4　项目资料与验收
6.5　项目交接与预算</td><td>时间管理
4.7　工作延续时间估计
4.8　进度安排
5.5　实施计划
5.7　项目进展报告
5.8　进度控制</td><td>费用管理
4.9　资源计划
4.10　费用估计
4.11　费用预算
5.9　费用控制
6.3　费用决算与审计
6.6　项目审计</td></tr>
<tr><td>质量管理
4.12　质量计划
4.13　质量保证
5.10　质量控制
6.2　质量验收</td><td>沟通管理
7.11　冲突管理
7.12　沟通规划
7.13　信息分发
7.20　信息管理</td><td>风险管理
7.14　风险管理规划
7.15　风险识别
7.16　风险评估
7.17　风险量化
7.18　风险应对计划
7.19　风险监控</td><td rowspan="2">工具与方法
8.1　要素分层法
8.2　方案比较法
8.3　资金的时间价值
8.4　评价指标体系
8.5　项目财务评价
8.6　国民经济评价方法
8.7　不确定性分析
8.8　环境影响评价
8.9　项目融资
8.10　模拟技术
8.11　里程碑计划
8.12　工作分解结构
8.13　责任矩阵
8.14　网络计划技术
8.15　甘特图
8.16　资源费用曲线
8.17　质量技术文件
8.18　并行工程
8.19　质量控制的数理统计方法
8.20　挣值分析
8.21　有无比较法</td></tr>
<tr><td>人力资源管理
7.9　组织规划
7.10　团队建设</td><td>采购管理
5.1　采购规划
5.2　招标采购的实施
5.3　合同管理基础
5.4　合同履行和收尾</td><td>综合管理
5.6　安全计划
5.11　安全控制
5.13　生产要素管理
5.14　现场管理与环境保护
7.3　项目经理
7.21　项目监理
7.22　行政监督
7.23　新经济项目管理
7.24　法律法规</td></tr>
</table>

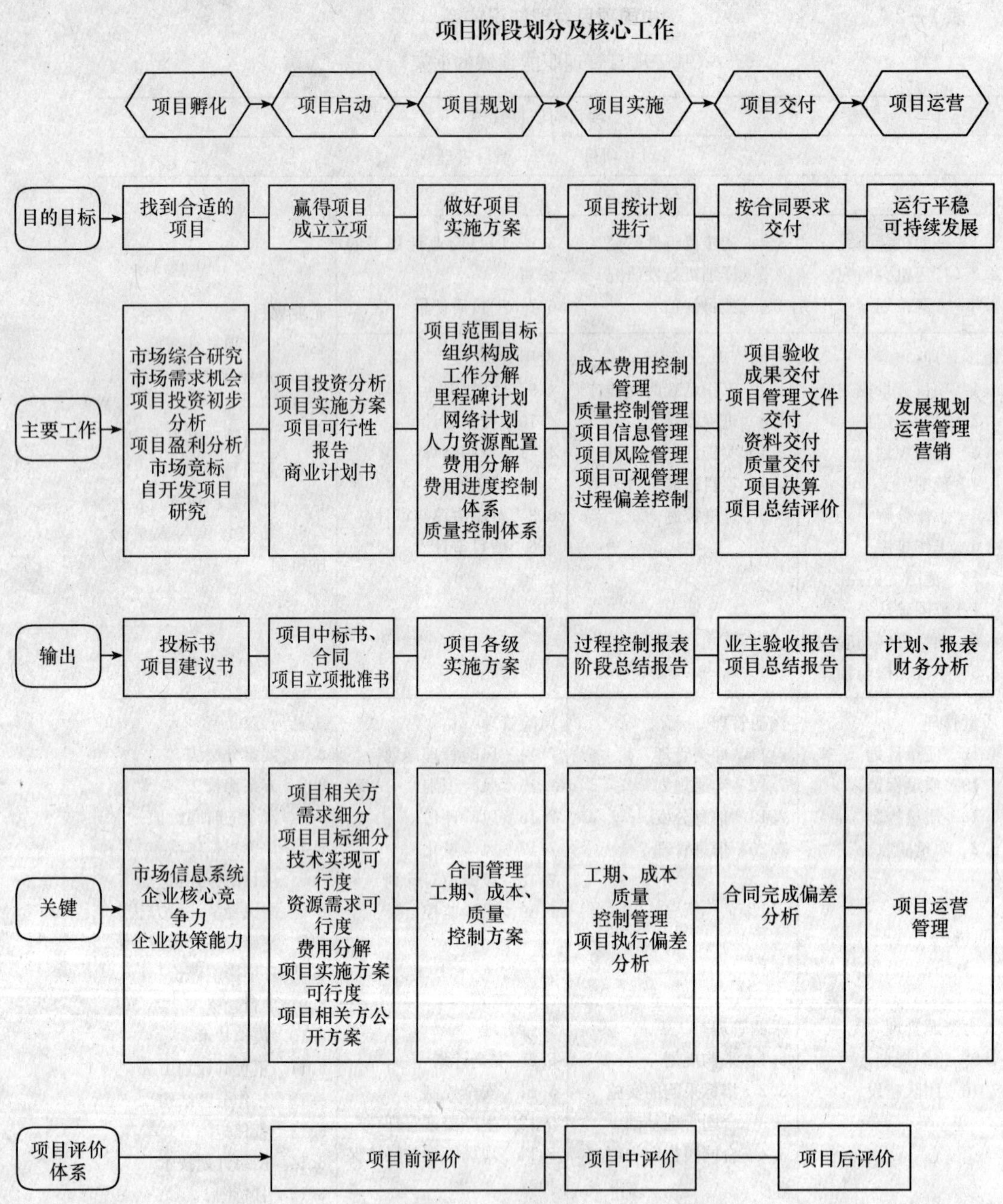

图 2—18　C-PMBOK 的项目各过程的知识内容

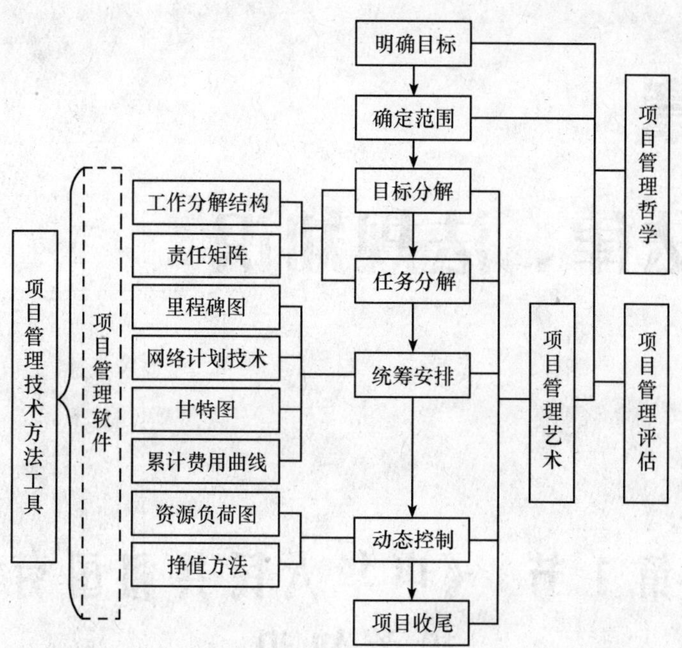

图 2—19　C-PMBOK 的项目管理核心内容

第3章

相关法律、法规知识

第1节 《中华人民共和国劳动法》相关知识

一、概述

《中华人民共和国劳动法》（以下简称《劳动法》）于1994年7月5日由中华人民共和国第八届全国人民代表大会常务委员会第八次会议通过，自1995年1月1日起施行。旨在保护劳动者的合法权益，调整劳动关系，建立和维护适应社会主义市场经济的劳动制度，促进经济发展和社会进步。该法适用于在中华人民共和国境内的企业、个体经济组织和与之形成劳动关系的劳动者，以及国家机关、事业组织、社会团体和与之建立劳动合同关系的劳动者。劳动法共分十三章，内容涵盖促进就业、劳动合同和集体合同、工作时间和休息休假、工资、劳动安全卫生、女职工和未成年工特殊保护、职业培训、社会保险和福利、劳动争议、监督检查和法律责任。劳动法自颁布13年以来，在构建社会主义市场经济条件下的劳动关系模式，维护劳动者的合法权益，建立和维护和谐稳定的劳动关系，推动劳动力市场化等方面发挥了重大作用。

二、主要内容

1. 劳动者享有的权利

劳动者享有平等就业和选择职业的权利、取得劳动报酬的权利、休息休假的权利、获得劳动安全卫生保护的权利、接受职业技能培训的权利、享受社会保险和福利的权利、提请劳动争议处理的权利以及法律规定的其他劳动权利。

劳动者应当完成劳动任务，提高职业技能，执行劳动安全卫生规程，遵守劳动纪律和职业道德。

妇女享有与男子平等的就业权利。在录用职工时，除国家规定的不适合妇女的工种或者岗位外，不得以性别为由拒绝录用妇女或者提高对妇女的录用标准。

2. 解除劳动合同的条件

（1）劳动者有下列情形之一的，用人单位可以解除劳动合同：

1）在试用期间被证明不符合录用条件的。

2）严重违反劳动纪律或者用人单位规章制度的。

3）严重失职，营私舞弊，对用人单位利益造成重大损害的。

4）被依法追究刑事责任的。

（2）有下列情形之一的，用人单位可以解除劳动合同，但是应当提前 30 日，以书面形式通知劳动者本人：

1）劳动者患病或者非因工负伤，医疗期满后，不能从事原工作也不能从事由用人单位另行安排的工作的。

2）劳动者不能胜任工作，经过培训或者调整工作岗位，仍不能胜任工作的。

3）劳动合同订立时所依据的客观情况发生重大变化，致使原劳动合同无法履行，经当事人协商不能就变更劳动合同达成协议的。

（3）劳动者有下列情形之一的，用人单位不得依据前述规定解除劳动合同：

1）患职业病或者因工负伤并被确认丧失或者部分丧失劳动能力的。

2）患病或者负伤，在规定的医疗期内的。

3）女职工在孕期、产假、哺乳期内的。

4）法律、行政法规规定的其他情形。

3. 有关工作时间的规定

《中华人民共和国劳动法》对用人单位延长劳动者工作时间也有所规定。

用人单位由于生产经营需要，经与工会和劳动者协商后可以延长工作时间，一般每日不得超过 1 小时；因特殊原因需要延长工作时间的，在保障劳动者身体健康的条件下延长工作时间每日不得超过 3 小时，但是每月不得超过 36 小时。

有下列情形之一的，延长工作时间不受前述规定的限制：

（1）发生自然灾害、事故或者因其他原因，威胁劳动者生命健康和财产安全，需要紧急处理的。

（2）生产设备、交通运输线路、公共设施发生故障，影响生产和公众利益，必须及时抢修的。

（3）法律、行政法规规定的其他情形。

4. 最低工资保障制度

规定了国家实行最低工资保障制度。最低工资的具体标准由省、自治区、直辖市人民政府规定，报国务院备案。用人单位支付劳动者的工资不得低于当地最低工资标准。

5. 劳动安全卫生制度

规定用人单位必须建立、健全劳动安全卫生制度，严格执行国家劳动安全卫生规程和标准，对劳动者进行劳动安全卫生教育，防止劳动过程中的事故，减少职业危害。

6. 职业培训

（1）从事特种作业的劳动者必须经过专门培训并取得特种作业资格。

（2）国家通过各种途径，采取各种措施，发展职业培训事业，开发劳动者的职业技能，提高劳动者素质，增强劳动者的就业能力和工作能力。

（3）国家确定职业分类，对规定的职业制定职业技能标准，实行职业资格证书制度，由经过政府批准的考核鉴定机构负责对劳动者实施职业技能考核鉴定。

7. 禁止安排女职工从事高体力劳动强度和其他禁忌从事的劳动

规定禁止安排女职工从事矿山井下、国家规定的第四级体力劳动强度的劳动和其他禁忌从事的劳动。

8. 劳动者享受社会保险待遇的规定

劳动者在下列情形下，依法享受社会保险待遇：退休，患病、负伤，因工伤残或者患职业病，失业，生育。

劳动者死亡后，其遗属依法享受遗属津贴。

劳动者享受社会保险待遇的条件和标准由法律、法规规定。

劳动者享受的社会保险金必须按时足额支付。

9. 劳动争议的解决

提出仲裁要求的一方应当自劳动争议发生之日起 60 日内向劳动争议仲裁委员

会提出书面申请。仲裁裁决一般应在收到仲裁申请的 60 日内作出。对仲裁裁决无异议的，当事人必须履行。

“劳动争议发生之日”，是指：

（1）用人单位拒绝支付债务或者承诺支付债务的期限届满之日。

（2）双方未明确债务偿付期限的，劳动者主张权利之日。

（3）解除劳动关系，用人单位不能举证证明解除时间的，劳动者主张权利之日。

（4）劳动者辞职或者解除劳动关系的，为劳动者提出辞职或者解除合同之日。

因签订集体合同发生争议，当事人协商解决不成的，当地人民政府劳动行政部门可以组织有关各方协调处理。

因履行集体合同发生争议，当事人协商解决不成的，可以向劳动争议仲裁委员会申请仲裁；对仲裁裁决不服的，可以自收到仲裁裁决书之日起 15 日内向人民法院提起诉讼。

10. 用人单位侵害劳动者合法权益的补偿

用人单位有下列侵害劳动者合法权益情形之一的，由劳动行政部门责令支付劳动者的工资报酬、经济补偿，并可以责令支付赔偿金：

（1）克扣或者无故拖欠劳动者工资的。

（2）拒不支付劳动者延长工作时间工资报酬的。

（3）低于当地最低工资标准支付劳动者工资的。

（4）解除劳动合同后，未依照本法规定给予劳动者经济补偿的。

用人单位招用尚未解除劳动合同的劳动者，对原用人单位造成经济损失的，该用人单位应当依法承担连带赔偿责任。

第 2 节 《中华人民共和国合同法》相关知识

一、概述

《中华人民共和国合同法》（以下简称《合同法》）由中华人民共和国第九届全国人民代表大会第二次会议于 1999 年 3 月 15 日通过，自 1999 年 10 月 1 日起施行。合同法分为总则和分则两大部分。总则涉及合同的订立、效力、履行、合同的变更和转让、权利义务终止以及违约责任的界定和实施。分则主要涵盖了社会经济生活中的重要合同类型，如买卖合同，供用电、水、气、热力合同，借款合同，租赁合同，融资租赁合同，承揽合同，建设工程合同，运输合同，技术合同，委托合同等。

二、主要内容

1. 合同的主要条款

合同的内容由当事人约定，一般包括以下条款：当事人的名称或者姓名和住所，标的，数量，质量，价款或者报酬，履行期限、地点和方式，违约责任，解决争议的方法。当事人可以参照各类合同的示范文本订立合同。

2. 要约的相关规定

（1）要约生效

要约到达受要约人时生效。采用数据电文形式订立合同，收件人指定特定系统接收数据电文的，该数据电文进入该特定系统的时间，视为到达时间；未指定特定系统的，该数据电文进入收件人的任何系统的首次时间，视为到达时间。

（2）要约不可撤销的条件

有下列情形之一的，要约不得撤销：

1）要约人确定了承诺期限或者以其他形式明示要约不可撤销。

2）受要约人有理由认为要约是不可撤销的，并已经为履行合同做了准备工作。

（3）要约失效

有下列情形之一的，要约失效：拒绝要约的通知到达要约人；要约人依法撤销要约；承诺期限届满，受要约人未作出承诺；受要约人对要约的内容作出实质性变更。

3. 承诺与保密

承诺生效时合同成立。承诺的内容应当与要约的内容一致。受要约人对要约的内容作出实质性变更的，为新要约。有关合同标的、数量、质量、价款或者报酬、履行期限、履行地点和方式、违约责任和解决争议方法等的变更，是对要约内容的实质性变更。

当事人在订立合同过程中知悉的商业秘密，无论合同是否成立，不得泄露或者不正当地使用。泄露或者不正当地使用该商业秘密给对方造成损失的，应当承担损害赔偿责任。

4. 合同的生效

依法成立的合同，自成立时生效。

法律、行政法规规定应当办理批准、登记等手续生效的，依照其规定。

依照规定，法律、行政法规规定合同应当办理批准手续，或者办理批准、登记等手续才生效，在一审法庭辩论终结前当事人仍未办理批准手续的，或者仍未办理批准、登记等手续的，人民法院应当认定该合同未生效；法律、行政法规规定合同应当办理登记手续，但未规定登记后生效的，当事人未办理登记手续不影响合同的效力，合同标的物所有权及其他物权不能转移。

无效的合同或者被撤销的合同自始没有法律约束力。合同部分无效，不影响其他部分效力的，其他部分仍然有效。

5. 代位权

因债务人怠于行使其到期债权，对债权人造成损害的，债权人可以向人民法院请求以自己的名义代位行使债务人的债权，但该债权专属于债务人自身的除外。

代位权的行使范围以债权人的债权为限。债权人行使代位权的必要费用，由债务人负担。

（1）债权人提起代位权诉讼，应当符合下列条件：

1）债权人对债务人的债权合法。

2）债务人怠于行使其到期债权，对债权人造成损害。

3）债务人的债权已到期。

4）债务人的债权不是专属于债务人自身的债权。

（2）专属于债务人自身的债权，是指基于扶养关系、抚养关系、赡养关系、继承关系产生的给付请求权和劳动报酬、退休金、养老金、抚恤金、安置费、人寿保险、人身伤害赔偿请求权等权利。

（3）“债务人怠于行使其到期债权，对债权人造成损害的”，是指债务人不履行其对债权人的到期债务，又不以诉讼方式或者仲裁方式向其债务人主张其享有的具有金钱给付内容的到期债权，致使债权人的到期债权未能实现。

次债务人（即债务人的债务人）不认为债务人有怠于行使其到期债权情况的，应当承担举证责任。

（4）债权人提起代位权诉讼的，由被告住所地人民法院管辖。

6. 撤销权

因债务人放弃其到期债权或者无偿转让财产，对债权人造成损害的，债权人可以请求人民法院撤销债务人的行为。债务人以明显不合理的低价转让财产，对债权人造成损害，并且受让人知道该情形的，债权人也可以请求人民法院撤销债务人的行为。

撤销权的行使范围以债权人的债权为限。债权人行使撤销权的必要费用，由债务人负担。

（1）债权人依照合同法的规定提起撤销权诉讼的，由被告住所地人民法院管辖。

（2）债权人依照合同法的规定提起撤销权诉讼时只以债务人为被告，未将受益人或者受让人列为第三人的，人民法院可以追加该受益人或者受让人为第三人。

（3）债权人依照合同法的规定提起撤销权诉讼，请求人民法院撤销债务人放弃债权或转让财产的行为，人民法院应当就债权人主张的部分进行审理，依法撤销的，该行为自始无效。

两个或者两个以上债权人以同一债务人为被告，就同一标的提起撤销权诉讼的，人民法院可以合并审理。

（4）债权人行使撤销权所支付的律师代理费、差旅费等必要费用，由债务人负担；第三人有过错的，应当适当分担。

7. 合同的解除

有下列情形之一的，当事人可以解除合同：

（1）因不可抗力致使不能实现合同目的。

（2）在履行期限届满之前，当事人一方明确表示或者以自己的行为表明不履行主要债务。

（3）当事人一方迟延履行主要债务，经催告后在合理期限内仍未履行。

（4）当事人一方迟延履行债务或者有其他违约行为致使不能实现合同目的。

（5）法律规定的其他情形。

8. 侵害赔偿

当事人一方违约后，对方应当采取适当措施防止损失的扩大；没有采取适当措施致使损失扩大的，不得就扩大的损失要求赔偿。

当事人因防止损失扩大而支出的合理费用，由违约方承担。

因当事人一方的违约行为，侵害对方人身、财产权益的，受损害方有权选择依照本法要求其承担违约责任或者依照其他法律要求其承担侵权责任。

债权人依照本规定向人民法院起诉作出选择后，在一审开庭以前又变更诉讼请求的，人民法院应当准许。对方当事人提出管辖权异议，经审查，异议成立的，人民法院应当驳回起诉。

9. 涉外合同的适用法律规定

规定涉外合同的当事人可以选择处理合同争议所适用的法律，但法律另有规定的除外。涉外合同的当事人没有选择的，适用与合同有最密切联系的国家的法律。

在中华人民共和国境内履行的中外合资经营企业合同、中外合作经营企业合同、中外合作勘探开发自然资源合同，适用中华人民共和国法律。

10. 买卖合同

(1) 出卖具有知识产权的计算机软件等标的物的，除法律另有规定或者当事人另有约定的以外，该标的物的知识产权不属于买受人。

(2) 出卖人应当按照约定的地点交付标的物。当事人没有约定交付地点或者约定不明确，依照《合同法》第 61 条的规定仍不能确定的，适用下列规定：

1) 标的物需要运输的，出卖人应当将标的物交付给第一承运人以运交给买受人；

2) 标的物不需要运输的，出卖人和买受人订立合同时知道标的物在某一地点的，出卖人应当在该地点交付标的物；不知道标的物在某一地点的，应当在出卖人订立合同时的营业地交付标的物。

(3) 出卖人应当按照约定的包装方式交付标的物。对包装方式没有约定或者约定不明确，依照《合同法》第 61 条的规定仍不能确定的，应当按照通用的方式包装，没有通用方式的，应当采取足以保护标的物的包装方式。

(4) 当事人约定检验期间的，买受人应当在检验期间内将标的物的数量或者质量不符合约定的情形通知出卖人。买受人怠于通知的，视为标的物的数量或者质量符合约定。

当事人没有约定检验期间的，买受人应当在发现或者应当发现标的物的数量或者质量不符合约定的合理期间内通知出卖人。

买受人在合理期间内未通知或者自标的物收到之日起两年内未通知出卖人的，视为标的物的数量或者质量符合约定，但对标的物有质量保证期的，适用质量保证期，不适用该两年的规定。

出卖人知道或者应当知道提供的标的物不符合约定的，买受人不受前两款规定的通知时间的限制。

11. 借款合同

(1) 借款合同采用书面形式，但自然人之间借款另有约定的除外。

借款合同的内容包括借款种类、币种、用途、数额、利率、期限和还款方式等条款。

（2）贷款人按照约定可以检查、监督借款的使用情况。借款人应当按照约定向贷款人定期提供有关财务会计报表等资料。

（3）借款人提前偿还借款的，除当事人另有约定的以外，应当按照实际借款的期间计算利息。

12. 融资租赁合同

（1）融资租赁合同的内容包括租赁物名称、数量、规格、技术性能、检验方法、租赁期限、租金构成及其支付期限和方式、币种、租赁期间届满租赁物的归属等条款。融资租赁合同应当采用书面形式。

（2）承租人占有租赁物期间，租赁物造成第三人的人身伤害或者财产损害的，出租人不承担责任。

（3）当事人约定租赁期间届满租赁物归承租人所有，承租人已经支付大部分租金，但无力支付剩余租金，出租人因此解除合同收回租赁物的，收回的租赁物的价值超过承租人欠付的租金以及其他费用的，承租人可以要求部分返还。

13. 承揽合同

（1）承揽合同的内容包括承揽的标的、数量、质量、报酬、承揽方式、材料的提供、履行期限、验收标准和方法等条款。

（2）承揽人发现定做人提供的图纸或者技术要求不合理的，应当及时通知定做人。因定做人怠于答复等原因造成承揽人损失的，应当赔偿损失。

（3）承揽工作需要定做人协助的，定做人有协助的义务。定做人不履行协助义务致使承揽工作不能完成的，承揽人可以催告定做人在合理期限内履行义务，并可以顺延履行期限；定做人逾期不履行的，承揽人可以解除合同。

（4）定做人未向承揽人支付报酬或者材料费等价款的，承揽人对完成的工作成果享有留置权，但当事人另有约定的除外。

（5）承揽人应当妥善保管定做人提供的材料以及完成的工作成果，因保管不善造成毁损、灭失的，应当承担损害赔偿责任。

14. 建设工程合同

（1）发包人可以与总承包人订立建设工程合同，也可以分别与勘察人、设计人、施工人订立勘察、设计、施工承包合同。发包人不得将应当由一个承包人完成的建设工程肢解成若干部分发包给几个承包人。

总承包人或者勘察、设计、施工承包人经发包人同意，可以将自己承包的部分工作交由第三人完成。第三人就其完成的工作成果与总承包人或者勘察、设计、施工承包人向发包人承担连带责任。承包人不得将其承包的全部建设工程转包给第三人或者将其承包的全部建设工程肢解以后以分包的名义分别转包给第三人。

禁止承包人将工程分包给不具备相应资质条件的单位。禁止分包单位将其承包的工程再分包。建设工程主体结构的施工必须由承包人自行完成。

（2）因发包人的原因致使工程中途停建、缓建的，发包人应当采取措施弥补或者减少损失，赔偿承包人因此造成的停工、窝工、倒运、机械设备调迁、材料和构件积压等损失和实际费用。

（3）因发包人变更计划，提供的资料不准确，或者未按照期限提供必需的勘察、设计工作条件而造成勘察、设计的返工、停工或者修改设计，发包人应当按照勘察人、设计人实际消耗的工作量增付费用。

第 3 节　《中华人民共和国劳动合同法》相关知识

一、概述

《中华人民共和国劳动合同法》（以下简称《劳动合同法》）由第十届全国人民代表大会常务委员会第二十八次会议于 2007 年 6 月 29 日通过并公布，2008 年 1 月 1 日起施行。

构建和谐稳定法制化的劳动合同是建设和谐社会的基础。劳动合同是用人单位和劳动者建立劳动关系、明确双方权利和义务的协议，是劳动关系构建的法律形式。

我国《劳动法》实施十多年来的实践证明，劳动合同制度对于破除传统计划经济体制下行政分配式的用工制度，建立与社会主义市场经济体制相适应的用人单位和劳动者双向选择的用工制度，发挥了十分重要的作用。但是也应该看到，基于合同双方当事人实际上的不平等，劳动者在劳动关系中实际上是居于一种从属的地位，致使出现了侵犯劳动者合法权益的现象，如一部分用人单位不订立书面劳动合同、滥用试用期、滥设违约金、滥用“劳务派遣”用工等。

因此，如何确保劳动者的合法权益是制定《劳动合同法》的主要宗旨。本法就是围绕劳动关系的建立、运行、监督诸环节，通过规范劳动关系当事人劳动合同的订立、履行、变更、解除或终止，明确劳动合同双方当事人的权利和义务，以及对相应的法律责任做出明确具体的规定，以促进规范有序、公正合理、互利共赢、和谐稳定的新型劳动关系的形成，使劳动关系各方各尽其能、共谋发展。本法共分八章 98 条，包括总则、劳动合同的订立、劳动合同的履行和变更、劳动合同的解除和终止、特别规定、监督检查、法律责任、附则。

二、主要内容

1. 适用范围

中华人民共和国境内的企业、个体经济组织、民办非企业单位等组织（以下称用人单位）与劳动者建立劳动关系，订立、履行、变更、解除或者终止劳动合同，适用本法。

国家机关、事业单位、社会团体和与其建立劳动关系的劳动者，订立、履行、变更、解除或者终止劳动合同，依照本法执行。

“用人单位”是我国劳动法中的一个特定概念，与“劳动者”相对应，指依法签订劳动合同，招用和管理劳动者，并按法律规定或合同约定向劳动者提供劳动条件、劳动保护和支付劳动报酬的劳动组织。依据本条规定，用人单位主要指企业、个体经济组织、民办非企业单位以及符合用人资格的其他劳动组织，在一定情况下还包括事业单位、国家机关、社会团体等组织。

2. 合同的签订原则

订立劳动合同，应当遵循合法、公平、平等自愿、协商一致、诚实信用的原则。

依法订立的劳动合同具有约束力，用人单位与劳动者应当履行劳动合同约定的义务。

3. 用人单位应保障劳动者相应的权利

用人单位应当依法建立和完善劳动规章制度，保障劳动者享有劳动权利、履行劳动义务。

（1）用人单位在制定、修改或者决定有关劳动报酬、工作时间、休息休假、劳动安全卫生、保险福利、职工培训、劳动纪律以及劳动定额管理等直接涉及劳动者切身利益的规章制度或者重大事项时，应当经职工代表大会或者全体职工讨论，提出方案和意见，与工会或者职工代表平等协商确定。

（2）在规章制度和重大事项决定实施过程中，工会或者职工认为不适当的，有权向用人单位提出，通过协商予以修改完善。

（3）用人单位应当将直接涉及劳动者切身利益的规章制度和重大事项决定公

示，或者告知劳动者。

（4）用人单位招用劳动者时，应当如实告知劳动者工作内容、工作条件、工作地点、职业危害、安全生产状况、劳动报酬，以及劳动者要求了解的其他情况；用人单位有权了解劳动者与劳动合同直接相关的基本情况，劳动者应当如实说明。

4. 劳动合同应当具备的主要条款

（1）用人单位的名称、住所和法定代表人或者主要负责人。

（2）劳动者的姓名、住址和居民身份证或者其他有效身份证件号码。

（3）劳动合同期限。

（4）工作内容和工作地点。

（5）工作时间和休息休假。

（6）劳动报酬。

（7）社会保险。

（8）劳动保护、劳动条件和职业危害防护。

（9）法律、法规规定应当纳入劳动合同的其他事项。

劳动合同除前款规定的必备条款外，用人单位与劳动者可以约定试用期、培训、保守秘密、补充保险和福利待遇等其他事项。

5. 劳动报酬

用人单位应当按照劳动合同约定和国家规定，向劳动者及时足额支付劳动报酬。

用人单位拖欠或者未足额支付劳动报酬的，劳动者可以依法向当地人民法院申请支付令，人民法院应当依法发出支付令。

劳动合同对劳动报酬和劳动条件等标准约定不明确，引发争议的，用人单位与劳动者可以重新协商；协商不成的，适用集体合同的规定；没有集体合同或者集体合同未规定劳动报酬的，实行同工同酬；没有集体合同或者集体合同未规定劳动条件等标准的，适用国家的有关规定。

6. 培训

用人单位为劳动者提供专项培训费用，对其进行专业技术培训的，可以与该劳动者订立协议，约定服务期。

劳动者违反服务期约定的，应当按照约定向用人单位支付违约金。违约金的数额不得超过用人单位提供的培训费用。用人单位要求劳动者支付的违约金不得超过服务期尚未履行部分所应分摊的培训费用。

用人单位与劳动者约定服务期的，不影响按照正常的工资调整机制提高劳动者在服务期间的劳动报酬。

7. 保密事项

用人单位与劳动者可以在劳动合同中约定保守用人单位的商业秘密和与知识产权相关的保密事项。

对负有保密义务的劳动者，用人单位可以在劳动合同或者保密协议中与劳动者约定竞业限制条款，并约定在解除或者终止劳动合同后，在竞业限制期限内按月给予劳动者经济补偿。劳动者违反竞业限制约定的，应当按照约定向用人单位支付违约金。

商业秘密是指不为公众所知悉、能为权利人带来经济利益、具有实用性并经权利人采取保密措施的技术信息和经营信息。

在我国，劳动者的竞业限制义务是约定义务而不是法定义务，因此，竞业限制义务的产生前提是用人单位与劳动者就竞业限制约定达成协议。

用人单位与劳动者约定竞业限制义务的，应当给予劳动者相应的、合理的、恰当的补偿。

8. 劳动合同无效或者部分无效的条件

（1）以欺诈、胁迫的手段或者乘人之危，使对方在违背真实意思的情况下订立或者变更劳动合同的。

（2）用人单位免除自己的法定责任、排除劳动者权利的。

（3）违反法律、行政法规强制性规定的。

对劳动合同的无效或者部分无效有争议的，由劳动争议仲裁机构或者人民法院确认。

9. 劳动合同的履行

用人单位与劳动者应当按照劳动合同的约定，全面履行各自的义务。

全面履行劳动合同是劳动合同法律效力的必然要求，是诚实信用原则在劳动合同履行中的具体体现。

劳动合同双方当事人应当全面、审慎地履行劳动合同约定的义务，避免因违约而承担不利的法律后果。

10. 有关工作强度和工作时间的规定

用人单位应当严格执行劳动定额标准，不得强迫或者变相强迫劳动者加班。用人单位安排加班的，应当按照国家有关规定向劳动者支付加班费。

11. 劳动者在劳动安全卫生方面享有的权利

劳动者拒绝用人单位管理人员违章指挥、强令冒险作业的，不视为违反劳动合同。

劳动者对危害生命安全和身体健康的劳动条件，有权对用人单位提出批评、检举和控告。

劳动安全卫生是指职业劳动的条件与环境符合劳动者生命安全和身体健康的要求。劳动安全卫生制度是确保劳动者在职业劳动中的生命安全和身体健康的特定的劳动保护制度。其对于保障劳动者生命权和健康权、提高企业效益、稳定协调劳动关系具有重要意义。

12. 劳动合同的解除

劳动合同的解除，是指劳动合同订立后，尚未全部履行完毕以前，由于某种原因导致劳动合同一方或双方当事人提前消灭劳动关系的法律行为。

（1）用人单位有下列情形之一的，劳动者可以解除劳动合同：

1）未按照劳动合同约定提供劳动保护或者劳动条件的。

2）未及时足额支付劳动报酬的。

3）未依法为劳动者缴纳社会保险费的。

4）用人单位的规章制度违反法律、法规的规定，损害劳动者权益的。

5）因《劳动合同法》第 26 条第 1 款规定的情形致使劳动合同无效的。

6）法律、行政法规规定劳动者可以解除劳动合同的其他情形。

用人单位以暴力、威胁或者非法限制人身自由的手段强迫劳动者劳动的，或者用人单位违章指挥、强令冒险作业危及劳动者人身安全的，劳动者可以立即解除劳动合同，不需事先告知用人单位。

（2）劳动者有下列情形之一的，用人单位可以解除劳动合同：

1）在试用期间被证明不符合录用条件的。

2）严重违反用人单位的规章制度的。

3）严重失职，营私舞弊，给用人单位造成重大损害的。

4）劳动者同时与其他用人单位建立劳动关系，对完成本单位的工作任务造成严重影响，或者经用人单位提出，拒不改正的。

5）因《劳动合同法》第 26 条第 1 款第 1 项规定的情形致使劳动合同无效的。

6）被依法追究刑事责任的。

（3）有下列情形之一的，用人单位提前 30 日以书面形式通知劳动者本人或者额外支付劳动者 1 个月工资后，可以解除劳动合同：

1）劳动者患病或者非因工负伤，在规定的医疗期满后不能从事原工作，也不能从事由用人单位另行安排的工作的。

2）劳动者不能胜任工作，经过培训或者调整工作岗位，仍不能胜任工作的。

3）劳动合同订立时所依据的客观情况发生重大变化，致使劳动合同无法履行，经用人单位与劳动者协商，未能就变更劳动合同内容达成协议的。

13. 劳动合同的终止

有下列情形之一的，劳动合同终止：

（1）劳动合同期满的。

（2）劳动者开始依法享受基本养老保险待遇的。

（3）劳动者死亡，或者被人民法院宣告死亡或者宣告失踪的。

（4）用人单位被依法宣告破产的。

（5）用人单位被吊销营业执照、责令关闭、撤销或者用人单位决定提前解散的。

（6）法律、行政法规规定的其他情形。

14. 集体合同的订立

集体合同订立后，应当报送劳动行政部门；劳动行政部门自收到集体合同文本之日起 15 日内未提出异议的，集体合同即行生效。

依法订立的集体合同对用人单位和劳动者具有约束力。行业性、区域性集体合同对当地本行业、本区域的用人单位和劳动者具有约束力。

15. 劳务派遣

劳务派遣单位也属于用人单位，应当履行用人单位对劳动者的义务。劳务派遣单位与被派遣劳动者订立的劳动合同，除应当载明《劳动合同法》第 17 条规定的事项外，还应当载明被派遣劳动者的用工单位以及派遣期限、工作岗位等情况。

劳务派遣单位应当与被派遣劳动者订立 2 年以上的固定期限劳动合同，按月支付劳动报酬；被派遣劳动者在无工作期间，劳务派遣单位应当按照所在地人民政府规定的最低工资标准，向其按月支付报酬。

用工单位应当履行下列义务：

（1）执行国家劳动标准，提供相应的劳动条件和劳动保护。

（2）告知被派遣劳动者的工作要求和劳动报酬。

（3）支付加班费、绩效奖金，提供与工作岗位相关的福利待遇。

（4）对在岗被派遣劳动者进行工作岗位所必需的培训。

（5）连续用工的，实行正常的工资调整机制。

用工单位不得将被派遣劳动者再派遣到其他用人单位。

劳务派遣一般在临时性、辅助性或替代性的工作岗位上实施。所谓临时性是指这一工作岗位不是常设和固定的；所谓辅助性是指这一工作岗位不应该是该企业基本的和主体的工作岗位；所谓替代性是指这一工作岗位是一种具有过渡性质的替代岗位。

用人单位不得设立劳务派遣单位，向本单位或者所属单位派遣劳动者。这是针对目前已经存在的一些用人单位为逃避法律责任和义务，想方设法将原来和自己形成劳动关系的劳动者转到自设的派遣机构之中，试图将原来的劳动关系转变成劳务关系，所作出的有针对性的禁止规定。此类行为视为非法派遣，其派遣行为因违法而无效，并要承担法律责任。

16. 非全日制用工

非全日制用工，是指以小时计酬为主，劳动者在同一用人单位一般平均每日工作时间不超过 4 小时，每周工作时间累计不超过 24 小时的用工形式。

非全日制用工双方当事人任何一方都可以随时通知对方终止用工。终止用工，用人单位不向劳动者支付经济补偿。

17. 劳动合同制度实施的监督管理

国务院劳动行政部门负责全国劳动合同制度实施的监督管理。县级以上地方人民政府劳动行政部门负责行政区域内劳动合同制度实施的监督管理。

县级以上各级人民政府劳动行政部门在劳动合同制度实施的监督管理工作中，应当听取工会、企业方面代表以及有关行业主管部门的意见。

用人单位直接涉及劳动者切身利益的规章制度违反法律、法规规定的，由劳动行政部门责令改正，给予警告；给劳动者造成损害的，应当承担赔偿责任。

用人单位自用工之日起超过 1 个月不满 1 年未与劳动者订立书面劳动合同的，应当为劳动者每月支付 2 倍的工资。

用人单位违反本法规定不与劳动者订立无固定期限劳动合同的，自应当订立无固定期限劳动合同之日起向劳动者每月支付 2 倍的工资。

18. 经济补偿

用人单位有下列情形之一的，由劳动行政部门责令限期支付劳动报酬、加班费或者经济补偿；劳动报酬低于当地最低工资标准的，应当支付其差额部分；逾期不支付的，责令用人单位按应付金额 50％以上 100％以下的标准向劳动者支付赔偿金：

（1）未依照劳动合同的约定或者国家规定及时足额支付劳动者劳动报酬的。

（2）低于当地最低工资标准支付劳动者工资的。

(3) 安排加班不支付加班费的。

(4) 解除或者终止劳动合同，未依照《劳动合同法》规定向劳动者支付经济补偿的。

19. 关于事业单位应用劳动合同的规定

规定事业单位与实行聘用制的工作人员订立、履行、变更、解除或者终止劳动合同，法律、行政法规或者国务院另有规定的，依照其规定；未作规定的，依照《劳动合同法》有关规定执行。

第 4 节 《中华人民共和国招标投标法》相关知识

一、概述

《中华人民共和国招标投标法》（以下简称《招标投标法》）由中华人民共和国第九届全国人民代表大会常务委员会第十一次会议于 1999 年 8 月 30 日通过，自 2000 年 1 月 1 日起施行。《招标投标法》涵盖工程招标、投标、开标、评标和中标以及相应的法律责任，旨在规范招标投标活动，保护国家利益、社会公共利益和招标投标活动当事人的合法权益，提高经济效益，保证项目质量。

二、主要内容

1. 招标范围

在中华人民共和国境内进行下列工程建设项目包括项目的勘察、设计、施工、监理以及与工程建设有关的重要设备、材料等的采购，必须进行招标：

(1) 大型基础设施、公用事业等关系社会公共利益、公众安全的项目。

(2) 全部或者部分使用国有资金投资或者国家融资的项目。

(3) 使用国际组织或者外国政府贷款、援助资金的项目。

前款所列项目的具体范围和规模标准，由国务院发展计划部门会同国务院有关部门制订，报国务院批准。

法律或者国务院对必须进行招标的其他项目的范围有规定的，依照其规定。

2. 应当强制招标的项目，禁止以任何方式规避招标

任何单位和个人不得将依法必须进行招标的项目化整为零或者以其他任何方式规避招标。

凡列入《招标投标法》的“大型基础设施、公用事业等关系社会公共利益、公众安全的项目”的规定，并属于国务院有关主管部门依照“全部或者部分使用国有资金投资或者国家融资的项目”的授权制定的具体范围以内和规模标准以上的工程建设项目及有关的重要设备、材料等采购，除该法第 66 条另有规定的情形外，都必须进行招标。但从我国推行招标投标制度十几年来的实践看，一些地方和部门在工程建设项目的发包及有关设备、材料的采购活动中，实行地方保护或行业垄断，采用种种方式规避招标，将本应招标发包的项目直接发包给属于本地方、本部门的承包商、供应商；一些采购单位或采购经办人员为利用其掌握的采购权力谋取私利，搞权钱交易，与不法承包商、供应商相勾结，想方设法规避公开、公平、公正的招标采购程序，搞“暗箱操作”，将采购项目交给私下确定的承包商、供应商，损害国家利益。

规避招标的方式有多种表现，比如，按照该法“全部或者部分使用国有资金投资或者国家融资的项目”的规定，对采购资金数额达到国务院有关部门规定的规模标准以上的采购项目，必须进行招标。一些采购单位为规避法律的这一规定，对本应作为一个整体的采购项目，采取划分为多个采购项目，分别签订多个采购合同的办法，化整为零，使每一采购合同的金额都低于法定强制招标采购的金额标准，以达到规避招标采购的目的。再如一些采购单位对技术并不特别复杂的采购项目，借口其有特殊的技术要求，只能交由某一承包商、供应商承担为由，规避招标采购。

为保证所有法定强制招标采购的项目都能做到依法招标投标，维护法律的严肃性，《招标投标法》对规避招标的行为作了禁止性规定。对违反规定，将必须进行招标的项目化整为零，或者以其他任何方式规避招标的行为，依法追究法律责任。

3. 邀请招标方式下投标邀请书的发布范围及其内容的规定

规定了招标人采用邀请招标方式的，应当向 3 个以上具备承担招标项目的能力、资信良好的特定的法人或者其他组织发出投标邀请书。

（1）邀请招标是指招标人以投标邀请书的方式邀请特定的法人或者其他组织投标。采用这种方式的招标人虽然可以根据项目的特点选择特定的潜在投标人，但在招标程序、评标标准等招标的重要环节上均与公开招标相同，邀请招标不是议标，

不能因为其招标对象的特定性而取代招标公开性、竞争性的本质特征。这就要求法律对邀请招标的招标范围有所限制。同时，由于邀请招标的招标对象毕竟是有限的、特定的，为了保证受邀请人的质量，法律对受邀请人的资质也有必要提出相对严格的要求。

1）采用邀请招标方式招标的，招标人应当向 3 个以上的特定法人或其他组织发出投标邀请书，即受邀请人至少 3 个，包括本数。具体数目还需根据项目的特点和潜在投标商的情况而定。

2）招标人所选定的潜在投标人应当具有承担招标项目的能力，资信良好。招标人所选定的潜在投标人应当具备承接招标项目的人力、财力、物力条件，特别是应具有与招标项目要求相适应的技术力量。国家对项目承接人有资质要求的，受邀请的投标人必须具有该资质。“资信良好”是指受邀请投标人应当有从事与招标项目相适应的经济实力，业绩好，信誉佳；不得有违法乱纪的不良记录。依法被限制投标资格的人不得被选定为邀请投标人。

为了保证邀请招标的有效性，对于工程建设项目而言，采用资格预审的方式筛选投标人不失为一个好方法，这样一是可以避免招标人或招标代理机构受掌握潜在投标人情况的信息所限而漏掉合格的投标人；二是可以防止发生招标人只在熟悉的合作伙伴中选定投标人，甚至因人情或金钱利益而错选投标人，造成对其他投标人的不公平待遇，以致影响招标质量的情况；三是可以通过资格预审保证选定的投标人符合本条关于承接招标项目的能力，资信良好等法定要求。

（2）邀请招标，招标人应向特定的法人或组织发出投标邀请书（有些科研项目的邀请招标，还可邀请特定的科研人员个人），通知其参加投标。投标邀请书的法定内容，与公开招标的招标公告的法定内容一致。本法第 16 条第 2 款已作出规定。

4. 保密事项

招标人不得向他人透露已获取招标文件的潜在投标人的名称、数量以及可能影响公平竞争的有关招标投标的其他情况。招标人设有标底的，标底必须保密。

5. 中标项目的分包

投标人根据招标文件载明的项目实际情况，拟在中标后将中标项目的部分非主体、非关键性工作进行分包的，应当在投标文件中载明。

（1）分包是指投标人拟在中标后将自己中标的项目的一部分工作交由他人完成的行为。分包人和总包人具有合同关系，和招标人没有合同关系，招标人和总包人即投标人有合同关系。

（2）根据本条规定，投标人拟将中标的项目分包的，须遵守以下规定：

1）是否分包由投标人决定。投标人自己决定的前提是“根据招标文件载明的项目实际情况”。比如，招标项目规模大、技术要求复杂，包括不同专业的工作业务较多等，此时投标人就可以考虑将部分专业工作分包给技术条件较好的专业队伍；又如投标人由于自己的某些施工人员临时被其他项目占用，也可以考虑分包。分包由投标人自己决定，招标人不得为投标人指定分包单位。

2）分包的内容为“中标项目的部分非主体、非关键性工作”。至于何为“非主体、非关键性工作”本法未作出具体界定，这需要根据各个招标项目的具体情况加以判断。比如就一栋楼房建筑来讲，楼房的基本结构就属于主体工作，也属于关键性的工作。

3）分包应在投标文件中载明。一般来讲应载明拟分包的工作内容、数量、拟分包的单位、投标单位的保证等内容。这一要求目的是保护招标人的利益。如果招标人对分包不放心，完全可以不选择有分包内容的投标人中标。

（3）关于分包，其他法律有规定的还应遵守其他法律的规定。如《中华人民共和国建筑法》的下述规定就应遵守：建筑工程总承包单位在总承包合同中没有约定分包的，如果分包还须经过建设单位的认可；施工总承包的，建筑工程主体结构的施工必须由总承包单位自行完成；总承包单位禁止将工程分包给不具备相应资质条件的单位，分包单位不得将其承包的工程再分包；建筑工程总承包单位按照总承包合同的约定对建设单位负责；分包单位按照分包合同的约定对总承包单位负责；总承包单位和分包单位就分包的工程对建设单位承担连带责任。

6. 联合体投标

两个以上法人或者其他组织可以组成一个联合体，以一个投标人的身份共同投标。

联合体各方均应具备承担招标项目的相应能力；国家有关规定或者招标文件对投标人资格条件有规定的，联合体各方均应当具备规定的相应资格条件。由同一专业的单位组成的联合体，按照资质等级较低的单位确定资质等级。

联合体各方应当签订共同投标协议，明确约定各方拟承担的工作和责任，并将共同投标协议连同投标文件一并提交招标人。联合体中标的，联合体各方应当共同与招标人签订合同，就中标项目向招标人承担连带责任。

招标人不得强制投标人组成联合体共同投标，不得限制投标人之间的竞争。

（1）对本条所规定的联合体投标，作以下说明：

1）联合体承包的联合各方为法人或者法人之外的其他组织。形式可以是两个以上法人组成的联合体、两个以上非法人组织组成的联合体，或者是法人与其他组织组成的联合体。

2）联合体为共同投标并在中标后共同完成中标项目而组成的临时性的组织，不具有法人资格。如果属于共同注册并进行长期经营活动的“合资公司”等法人形式的联合体，则不属于本条所称的联合体。组成联合体的目的是增强投标竞争能力、弥补有关各方技术力量的相对不足、提高共同承担的项目完工的可靠性，同时还可分散联合体各方的投标风险。

3）联合体的组成是“可以组成”，也可以不组成。是否组成联合体由有关各方自己决定。联合体的组成属于各方自愿的、共同的、一致的法律行为。

4）联合体对外“以一个投标人的身份共同投标”。也就是说，联合体虽然不是一个法人组织，但是对外投标应以所有组成联合体各方的共同名义进行，不能以其中一个主体或者两个主体（多个主体的情况下）的名义进行，即由联合体各方“共同与招标人签订合同”。这里需要说明的是，联合体内部之间权利、义务、责任的承担等问题则需要以联合体各方订立的合同为依据。

（2）共同投标的联合体对外的关系包括两个方面：

1）中标的联合体各方应当共同与招标人签订合同。这里所讲的共同“签订合同”，是指联合体各方均应参加合同的订立，并应在合同书上签字或者盖章。

2）“就中标项目向招标人承担连带责任”。这里所讲的“连带责任”，一是指在同一类型的债权、债务关系中，联合体的任何一方均有义务履行招标人提出的债权要求；二是指招标人可以要求联合体的任何一方履行全部的义务，被要求的一方不得以“内部订立的权利义务关系”为由而拒绝履行。当然，就联合体的内部关系来讲，代他人履行义务的一方，仍有求偿权，即依据内部约定，要求他人承担其按照联合协议的约定应当承担的义务。

7. 开标

开标时，由投标人或者其推选的代表检查投标文件的密封情况，也可以由招标人委托的公证机构检查并公证；经确认无误后，由工作人员当众拆封，宣读投标人名称、投标价格和投标文件的其他主要内容。

招标人在招标文件要求提交投标文件的截止时间前收到的所有投标文件，开标时都应当当众予以拆封、宣读。

开标过程应当记录，并存档备查。

8. 提交履约保证金

招标人和中标人应当自中标通知书发出之日起 30 日内，按照招标文件和中标人的投标文件订立书面合同。招标人和中标人不得再行订立背离合同实质性内容的其他协议。

招标文件要求中标人提交履约保证金的，中标人应当提交。

(1) 规定招标人和中标人应当在法定期限内按照招标文件订立书面合同

这里需要说明招标采购合同在何时开始生效的问题。从《合同法》的一般理论来讲，自承诺生效时合同成立。但我国《合同法》第 32 条也规定："当事人采用合同书形式订立合同的，自双方当事人签字或者盖章时合同成立。"依照本法规定，招标人编制的招标文件中也必须有拟签订合同的主要条款，而中标人的投标文件也应对招标文件的实质性要求和条件作出响应，招标文件中一般也会对订立合同书的问题作出规定，即在投标人发出的要约中已经包含中标后订立书面合同的内容。且本款规定招标人和中标人在法定期限内订立书面合同也属于强制性规定，是以专门法律规定招标人和中标人必须订立合同书，本款的规定与《合同法》的相关规定精神一致。因此，招标采购合同的成立生效时间应当是招标人和中标人订立书面合同的时间。

"实质性内容"，是指投标价格、投标方案等实质性内容。如果允许招标人和中标人可以再行订立背离合同实质性内容的其他协议，则违背了招标投标活动的初衷，整个招标过程也就失去了意义，对其他投标人来讲也是不公正的。对这类行为必须予以禁止。

(2) 规定中标人应当按照招标文件的规定提交履约保证金

所谓履约保证金，是指招标人要求投标人在接到中标通知后，提交的保证履行合同各项义务的担保。履行担保一般有三种形式：银行保函、履约担保书和保留金。

1) 银行保函是由商业银行开具的担保证明。银行保函分为有条件的和无条件的银行保函。有条件的保函是指下述情形：在投标人没有实施合同或者未履行合同义务时，由招标人出具证明说明情况，并由担保人对已执行合同部分和未执行部分加以鉴定，确认后才能收兑银行保函，由招标人得到保函中的款项。建筑行业通常偏向于这种形式的保函。无条件的保函是指下述情形：招标人不需要出具任何证明和理由，只要看到承包人违约，就可对银行保函进行收兑。

2) 履约担保书的担保方式是：当中标人在履行合同中违约时，由开出担保书的担保公司或者保险公司用该项担保金去完成施工任务或者向招标人支付该项保证金。工程采购项目保证金提供担保书形式的，其金额一般为合同价的 30%～50%。

3）保留金是指在合同支付条款中，规定一定百分比的保留金。如果作为中标人的承包商或者供货商没有按照合同规定履行义务，招标人将扣除这部分支付金额作为损失补偿。

需要说明的是，履约保证金金额的大小取决于招标项目的类型与规模，但大体上应能保证中标人违约时招标人所受损失能得到补偿。在投标须知中，招标人要规定使用哪一种形式的履约担保。中标应当按照招标文件中的规定提交履约担保。履约保证金担保中标人正确履行合同。

国外也对履约保证金多有规定。如《世行采购指南》规定，工程的招标文件要求一定金额的保证金。其金额足以抵偿借款人在承包商违约时所遭受的损失。该保证金应当按照借款人在招标文件中的规定以适当的格式和金额采用履约担保书或者银行保函形式提供。担保书或者银行保函的金额将根据提供保证金的类型和工程的性质和规模有所不同。

第 5 节 《中华人民共和国安全生产法》相关知识

一、概述

《中华人民共和国安全生产法》（以下简称《安全生产法》）是中国第一部综合性安全生产的主体法律，由中华人民共和国第九届全国人民代表大会常务委员会第二十八次会议于 2002 年 6 月 29 日通过，自 2002 年 11 月 1 日起施行。该法倡导安全生产管理，坚持安全第一、预防为主的方针，旨在加强安全生产监督管理，防止和减少生产安全事故，保障人民群众生命和财产安全，促进经济发展。

《安全生产法》共七章 97 条，确定了我国安全生产的七项基本法律制度：安全生产监督管理制度；生产经营单位安全保障制度；从业人员安全生产权利义务制度；生产经营单位负责人安全责任制度；安全中介服务制度；安全生产责任追究制度；事故应急救援和处理制度。

《安全生产法》同时还明确规定了我国安全生产的四种监督方式：工会民主、社会舆论监督、公众举报监督以及社区报告监督。对于我国安全生产现有责任的各方也作了界定，包括政府责任方，即各级政府和对安全生产有监管职责的有关部门，生产经营单位责任方，从业人员责任方，中介机构责任方。《安全生产法》为加强对安全生产的监督管理，规范生产经营单位的安全生产行为，提供了明确的法律依据，有利于加强我国安全生产法律法规建设，改变我国人权状况，依法规范生产经营单位的安全生产，有利于各级政府加强对安全生产工作的领导，促使安全监管部门依法行政、加强监管，提高经营管理者和从业人员的安全素质，增强公民的安全法律意识。

二、主要内容

1. 生产经营单位的主要负责人对本单位安全生产工作负有的职责

（1）建立、健全本单位安全生产责任制。

（2）组织制定本单位安全生产规章制度和操作规程。

（3）保证本单位安全生产投入的有效实施。

（4）督促、检查本单位的安全生产工作，及时消除生产安全事故隐患。

（5）组织制定并实施本单位的生产安全事故应急救援预案。

（6）及时、如实报告生产安全事故。

生产经营单位新建、改建、扩建工程项目（以下统称建设项目）的安全设施，必须与主体工程同时设计、同时施工、同时投入生产和使用。安全设施投资应当纳入建设项目概算。

2. 矿山建设项目和用于生产、储存危险物品的建设项目的设计和投产前的验收

矿山建设项目和用于生产、储存危险物品的建设项目的施工单位必须按照批准的安全设施设计施工，并对安全设施的工程质量负责。

矿山建设项目和用于生产、储存危险物品的建设项目竣工投入生产或者使用前，必须依照有关法律、行政法规的规定对安全设施进行验收；验收合格后，方可投入生产和使用。验收部门及其验收人员对验收结果负责。

3. 取得安全使用证或者安全标志

生产经营单位使用的涉及生命安全、危险性较大的特种设备，以及危险物品的容器、运输工具，必须按照国家有关规定，由专业生产单位生产，并经取得专业资格检测、检验机构检测、检验合格，取得安全使用证或者安全标志，方可投入使用。检测、检验机构对检测、检验结果负责。

涉及生命安全、危险性较大的特种设备的目录由国务院负责特种设备安全监督管理的部门制定，报国务院批准后执行。

4. 多个生产经营单位在同一作业区域内进行生产经营活动的相关规定

两个以上生产经营单位在同一作业区域内进行生产经营活动，可能危及对方生产安全的，应当签订安全生产管理协议，明确各自的安全生产管理职责和应当采取的安全措施，并指定专职安全生产管理人员进行安全检查与协调。

5. 对危险物品的生产、经营、储存单位以及矿山、建筑施工单位的要求

危险物品的生产、经营、储存单位以及矿山、建筑施工单位应当建立应急救援组织；生产经营规模较小，可以不建立应急救援组织的，应当指定兼职的应急救援人员。

危险物品的生产、经营、储存单位以及矿山、建筑施工单位应当配备必要的应急救援器材、设备，并进行经常性维护、保养，保证正常运转。

6. 安全责任的追究

（1）有关工作人员

负有安全生产监督管理职责的部门的工作人员，有下列行为之一的，给予降级或者撤职的行政处分；构成犯罪的，依照刑法有关规定追究刑事责任：

1）对不符合法定安全生产条件的、涉及安全生产的事项予以批准或者验收通过的。

2）发现未依法取得批准、验收的单位擅自从事有关活动或者接到举报后不予取缔或者不依法予以处理的。

3）对已经依法取得批准的单位不履行监督管理职责，发现其不再具备安全生产条件而不撤销原批准或者发现安全生产违法行为不予查处的。

（2）生产经营单位

生产经营单位有下列行为之一的，责令限期改正；逾期未改正的，责令停产停业整顿，可以并处 2 万元以上 10 万元以下的罚款；造成严重后果，构成犯罪的，依照刑法有关规定追究刑事责任：

1）生产、经营、储存、使用危险物品，未建立专门安全管理制度、未采取可靠的安全措施或者不接受有关主管部门依法实施的监督管理的。

2）对重大危险源未登记建档，或者未进行评估、监控，或者未制定应急预案的。

3）进行爆破、吊装等危险作业，未安排专门管理人员进行现场安全管理的。

生产经营单位与从业人员订立协议，免除或者减轻其对从业人员因生产安全事故伤亡依法应承担的责任的，该协议无效；对生产经营单位的主要负责人、个人经营的投资人处 2 万元以上 10 万元以下的罚款。

7. 生产经营单位的建设

生产经营单位有下列行为之一的，责令限期改正；逾期未改正的，责令停产停业整顿；造成严重后果，构成犯罪的，依照刑法有关规定追究刑事责任：

（1）生产、经营、储存、使用危险物品的车间、商店、仓库与员工宿舍在同一座建筑内，或者与员工宿舍的距离不符合安全要求的。

（2）生产经营场所和员工宿舍未设有符合紧急疏散需要、标志明显、保持畅通的出口，或者封闭、堵塞生产经营场所或者员工宿舍出口的。

8. 生产经营单位的赔偿责任

生产经营单位发生生产安全事故造成人员伤亡、他人财产损失的，应当依法承担赔偿责任；拒不承担或者其负责人逃匿的，由人民法院依法强制执行。

生产安全事故的责任人未依法承担赔偿责任，经人民法院依法采取执行措施后，仍不能对受害人给予足额赔偿的，应当继续履行赔偿义务；受害人发现责任人有其他财产的，可以随时请求人民法院执行。

第 6 节 《中华人民共和国产品质量法》相关知识

一、概述

《中华人民共和国产品质量法》（以下简称《产品质量法》）于 1993 年 2 月 22 日由中华人民共和国第七届全国人民代表大会常务委员会第三十次会议通过，根据 2000 年 7 月 8 日中华人民共和国第九届全国人民代表大会常务委员会第十六次会议《关于修改〈中华人民共和国产品质量法〉的决定》修正，自 2000 年 9 月 1 日起施行。旨在加强对产品质量的监督管理，提高产品质量水平，明确产品质量责任，保护消费者的合法权益，维护社会经济秩序，制定产品质量法。

新《产品质量法》充分体现了保护消费者合法权益的立法宗旨和社会主义市场经济的客观要求，在调整范围方面有所扩大，建立了适应我国市场经济特点要求的产品质量监督制度框架，强化了对消费者合法权益的保护力度，加大了对违法行为的惩罚力度，加大了行政监督执法力度，强化了对财产安全类产品的监督，强化了对产品质量监督、检验、认证等机构的监督。

《产品质量法》共六章 74 条，内容涵盖产品质量的监督，生产者、销售者的产品质量责任和义务，生产者的产品质量责任和义务、销售者的产品质量责任和义务、损害赔偿和罚则。

二、主要内容

1. 适用范围

规定在中华人民共和国境内从事产品生产、销售活动，必须遵守《产品质量法》。

该法所称产品是指经过加工、制作，用于销售的产品。

建设工程不适用该法规定，但是，建设工程使用的建筑材料、建筑结构配件和设备，属于前款规定的产品范围的，适用该法规定。

（1）该法适用的地域是：中华人民共和国境内。

（2）该法主要调整在产品生产、销售活动中发生的权利、义务、责任关系。

（3）该法调整的产品范围包括：以销售为目的，通过工业加工、手工制作等生产方式所获得的具有特定使用性能的物品。

未经加工的天然形成的产品，如原矿、原煤、石油、天然气等；以及初级农产品，如农、林、牧、渔等产品，不适用该法规定。

“建设工程不适用本法规定”是指建筑物、工程等不动产不适用该法规定。不动产中的动产适用该法。

在中华人民共和国境内销售的属于该法所称产品范围的进口产品，适用该法的有关规定。

（4）该法适用的主体为在中华人民共和国境内的公民，企业、事业单位，国家机关，社会组织以及个体工商业经营者等。

企业包括国有企业、集体所有制企业、私营企业以及中外合资经营企业、中外合作经营企业和外资企业。

个体工商业经营者包括个体工商户、个体合伙等。

2. 产品必须符合安全、卫生要求的规定

可能危及人体健康和人身、财产安全的工业产品，必须符合保障人体健康和人身、财产安全的国家标准、行业标准；未制定国家标准、行业标准的，必须符合保障人体健康和人身、财产安全的要求。

禁止生产、销售不符合保障人体健康和人身、财产安全的标准和要求的工业产品。具体管理办法由国务院规定。

（1）判定工业产品的安全、卫生指标是否合格，以保障人体健康，人身、财产安全的国家标准、行业标准为依据。

（2）未制定安全、卫生标准的，以社会普遍公认的安全、卫生要求为依据。

3. 质量体系认证

国家根据国际通用的质量管理标准，推行企业质量体系认证制度。企业根据自愿原则可以向国务院产品质量监督部门认可的或者国务院产品质量监督部门授权的部门认可的认证机构申请企业质量体系认证。经认证合格的，由认证机构颁发企业质量体系认证证书。

国家参照国际先进的产品标准和技术要求，推行产品质量认证制度。企业根据自愿原则可以向国务院产品质量监督部门认可的或者国务院产品质量监督部门授权的部门认可的认证机构申请产品质量认证。经认证合格的，由认证机构颁发产品质量认证证书，准许企业在产品或者其包装上使用产品质量认证标志。

4. 产品或其包装上的标志

（1）产品或者其包装上的标志必须真实，并符合下列要求：

1）有产品质量检验合格证明。

2）有中文标明的产品名称、生产厂厂名和厂址。

3）根据产品的特点和使用要求，需要标明产品规格、等级、所含主要成分的名称和含量的，用中文相应予以标明；需要事先让消费者知晓的，应当在外包装上标明，或者预先向消费者提供有关资料。

4）限期使用的产品，应当在显著位置清晰地标明生产日期和安全使用期或者失效日期。

5）使用不当，容易造成产品本身损坏或者可能危及人身、财产安全的产品，应当有警示标志或者中文警示说明。

（2）裸装的食品和其他根据产品的特点难以附加标识的裸装产品，可以不附加产品标识。

1）“产品标识”是指用于识别产品或其特征、特性所做的各种表示的统称。产品标识可以用文字、符号、标志、标记、数字、图案等表示。

2）根据不同产品的特点和使用要求，产品标识可以标注在产品上，也可以标注在产品包装上。

3）产品标识一般必须具有：检验合格证明，用中文标注的产品名称、厂名、厂址。

限时使用的产品必须标明生产日期和安全使用期限；或者标明失效日期。涉及使用安全或者容易损坏的产品，必须具有警示标志、中文警示说明。

4）“产品质量检验合格证明”是指生产者出具的用于证明产品质量符合相应要求的证件。包括合格证、合格印章等。

5）“安全使用期”包括保质期、保鲜期、保存期等。

6）“用中文标明”是指用汉字标明。根据需要，也可以附以中国民族文字。

7）“警示标志”是指用以表示特定的含义，告诫、提示人们应当对某些不安全因素引起高度注意和警惕的图形。

8）“警示说明”是指用以告诫、提示人们应当对某些不安全因素引起高度注意和警惕的文字说明。销售者应当建立并执行进货检查验收制度，验明产品合格证明和其他标识。

5. 修理、更换、退货

售出的产品有下列情形之一的，销售者应当负责修理、更换、退货；给购买产品的消费者造成损失的，销售者应当赔偿损失：

（1）不具备产品应当具备的使用性能而事先未作说明的。

（2）不符合在产品或者其包装上注明采用的产品标准的。

（3）不符合以产品说明、实物样品等方式表明的质量状况的。

销售者依照前款规定负责修理、更换、退货、赔偿损失后，属于生产者的责任或者属于向销售者提供产品的其他销售者（以下简称供货者）的责任的，销售者有权向生产者、供货者追偿。

销售者未按照《产品质量法》第1款规定给予修理、更换、退货或者赔偿损失的，由产品质量监督部门或者工商行政管理部门责令改正。

生产者之间、销售者之间、生产者与销售者之间订立的买卖合同、承揽合同有不同约定的，合同当事人按照合同约定执行。

6. 赔偿责任和免责条件

因产品存在缺陷造成人身、缺陷产品以外的其他财产（以下简称他人财产）损害的，生产者应当承担赔偿责任。

生产者能够证明有下列情形之一的，不承担赔偿责任：

（1）未将产品投入流通的。

（2）产品投入流通时，引起损害的缺陷尚不存在的。

（3）将产品投入流通时的科学技术水平尚不能发现缺陷存在的。

1）“因产品存在缺陷造成人身、缺陷产品以外的其他财产损害的”，表明了产品侵权损害赔偿责任的三个要件：产品存在缺陷；造成了人身伤害或者除缺陷产品以外的其他财产的损失；缺陷与损害结果存在因果关系。体现了对生产者实行严格责任的归责原则。

2）“生产者能够证明有下列情形之一的，不承担赔偿责任”，是指生产者对免除责任的条件，负有提供证据的责任。如果生产者不能有效地证明免责条件的，不免除生产者的赔偿责任。此规定体现了举证责任倒置的原则。

3）“产品未投入流通”，是指产品未出厂销售。

4）“将产品投入流通时的科学技术水平尚不能发现缺陷存在的”，是指发展中的风险。判定是否属于发展中的风险，以当时社会的科学技术水平为依据。

因产品存在缺陷造成人身、他人财产损害的，受害人可以向产品的生产者要求赔偿，也可以向产品的销售者要求赔偿。

属于产品生产者的责任，由产品的销售者赔偿的，产品的销售者有权向产品的生产者追偿。

属于产品的销售者的责任，产品的生产者赔偿的，产品的生产者有权向产品的销售者追偿。

7. 诉讼时效期间和请求权期间

因产品存在缺陷造成损害要求赔偿的诉讼时效期间为 2 年，自当事人知道或者应当知道其权益受到损害时起计算。

因产品存在缺陷造成损害要求赔偿的请求权，在造成损害的缺陷产品交付最初消费者满 10 年丧失；但是，尚未超过明示的安全使用期的除外。

(1) 产品侵权损害赔偿的诉讼时效期间为 2 年，自受害人知道或者应当知道缺陷产品造成损害之日起计算。超过 2 年诉讼时效期间，受害人便丧失了胜诉权。

(2) 产品侵权损害要求赔偿的请求权期间为 10 年，自该造成损害的缺陷产品交给第一个用户或者消费者之日起计算，满 10 年即丧失请求赔偿权。

(3)“尚未超过明示的安全使用期的除外”是指产品明示的安全使用期超过 10 年，请求权期间适用明示的安全使用期限。

8. 社会团体、社会中介机构的责任

(1) 社会团体、社会中介机构对产品质量作出承诺、保证，而该产品又不符合其承诺、保证的质量要求，给消费者造成损失的，与产品的生产者、销售者承担连带赔偿责任。

(2) 知道或者应当知道属于本法规定禁止生产、销售的产品而为其提供运输、保管、仓储等便利条件的，或者为以假充真的产品提供制假生产技术的，没收全部运输、保管、仓储或者提供制假生产技术的收入，并处违法收入 50%以上 3 倍以下的罚款；构成犯罪的，依法追究刑事责任。

（3）隐匿、转移、变卖、损毁被产品质量监督部门或者工商行政管理部门查封、扣押的物品的，处被隐匿、转移、变卖、损毁物品货值金额等值以上 3 倍以下的罚款；有违法所得的，并处没收违法所得。

货值金额以违法生产、销售产品的标价计算；没有标价的，按照同类产品的市场价格计算。

项目管理核心词汇

A

ACWP (actual cost for work performed) 已完成工作实际成本

AEV (actual earned value) 实际获得价值

administration project 管理项目

administrative skills of project manager 项目经理的管理技能

B

BAS (budget at completion) 完工预算

Bar (Gantt) chart 横道图，甘特图

BCWP (budgeted cost for work performed) 已完成工作的预算成本

BCWS (budgeted cost for work scheduled) 计划工作的预算成本

benchmarking 基准，标杆

brainstorming 头脑风暴

C

conflict management/resolution 管理冲突/决议

change manage 变更管理

closure phase 结束阶段

commitment (s) 承诺

committcc sponsorship 委员会发

communication (s) 沟通

communication management 沟通管理

conceptual phase 概念阶段

concurrent engineering 并行工程

continuous improvement 持续改进

contract (s) 合同

contract statement of work (CSOW) 工作说明合同

control chart 控制图

corporate culture 企业文化

cost (s)：成本

cost-benefit analyse 成本收益分析

cost-plus-award-fee contract 成本加奖励费用合同

cost-plus-fixed-fee contract 成本加固定费用合同

cost-plus-incentive-fee contract 成木加激励费用合同

cost-plus-percentage-fee contract 成本加比例费用合同

counseling 顾问

CPI (cost performance index) 成本绩效指数

CPM (critical path method) 关键路线方法

CPMP (China project management professional) 中国项目管理师

crash time 赶工时间

customer 客户

CV (cost variance) 成本偏差

CWBS (contract work breakdown structure) 工作分解结构合同

D

definitive estimate 确定性估算

delegation 委托

E

EAC（estimate at completion）完工估算

encoding 编码

estimate 估算

EV（earned value）挣值

experience curve 经验曲线

F

feasibility study 可行性研究

fishbone diagram 鱼刺图

fixed-price-incentive-fee contract 固定总价激励费用合同

fixed-price contract 固定总价合同

G

GERT（graphical evaluation and review technique）图形评价和评审技术

GERT（government evaluation and review technique）政府评价和评审技术

H

HR（human resources）人力资源

I

implementation phase 实施阶段

integration 整合，集成，整体，一体化

IPMA（international project management association）国际项目管理协会

IPMP（international project management professional）国际项目管理专业资质

IRR（internal rate of return）内部收益率

J

JIT（just-in-time manufacturing）准时生产

job description 工作描述

L

large project 大型项目

LCC（life-cycle costing）全寿命期成本

learning curve 学习曲线

life-cycle of project 项目全寿命期

M

MBO（management-by-objective）目标管理

MCCS（management cost and control system）成本管理和控制系统

matrix organizational structure 矩阵组织结构

milestone schedule 里程碑进度计划

milestone technique 里程碑技术

Monte Carlo process 蒙特卡罗过程

MPM（Master of project management）项目管理工程硕士

MPS（maste production schedule）主项目进度计划

multiple projects management 多项目管理

multi-project analysis 多项目分析

N

network scheduling technique 网络进度技术

NPV（net present value）净现值

O

OBS（organization breakdown structure）组织

分解结构

P

Pareto analysis 帕累托分析

performance measurement 绩效测度

PERT（program evaluation and review technique）计划评价和评审技术

planning phase 计划阶段

PMBOK（project management institute guide to the body of knowledge）项目管理学会知识体系指南

PMI（project management institute）项目管理学会

PMIS（project management information system）项目管理信息系统

PMMM（PM3）（project management maturity model）项目管理成熟度模型

PMP（project management professional）项目管理职业资质（由美国项目管理学学会颁发）

priority 优先权

procedural documentation 程序文件

process capacity（Cp）过程容量

program 项目集

program evaluation and review technique（PERT）项目评价和评审技术

project（s）项目

project administration 项目管理

project charter 项目章程

project-driven organization 项目驱动型组织

project life cycle 项目寿命期

project management 项目管理

trends in, see trends in project management 在…的趋势，见项目管理趋势

project manager（s）项目经理

project milestone schedule 项目里程碑进度计划

project office 项目办公室

project planning 项目计划

project Portfolio 组合

project review meeting 项目评审会

project risk 项目风险

project sponsor 项目发起人

project team 项目团队

project termination 项目终止

R

RAM（responsibility assignment matrix）职责分派矩阵

R&D project management 研发项目管理

S

savage criterion 后悔值准则

scatter diagram 散点图

schedule 进度计划

scope change 范围变化

scope creep 范围蔓延

sensitivity analysis 敏感性分析

Singapore 新加坡

SOW（statement of work）工作说明

SPCs（statistical process controls）统计过程控制

SPI（schedule performance index）进度执行指数

stakeholders 利益相关者

subproject 子项目

supervising 监管

SV（schedule variance）进度差额

SWDs（subdivided work description）细分工

作描述

systems management 系统管理

T

target cost 目标成本

terminated project 终止项目

time management 时间管理

time value of money 资金的时间价值

TPM（technical performance measurement）技术绩效测量

TQM（total quality management）全面质量管理

trade-off analysis 权衡分析

tree diagram 树图

trend analysis 趋势分析

V

variance analysis 方差分析

W

WBS（work breakdown structure）工作分解结构

work schedule 工作进度计划

参考文献

1 张婀娜，邱菀华主编．项目管理师．北京：机械工业出版社，2003

2 美国项目管理协会．项目管理知识体系指南（第 3 版）．卢有杰，王勇译．北京：电子工业出版社，2005

3 沈建明主编．项目风险管理．北京：机械工业出版社，2004

4 毕星，翟丽主编．项目管理．上海：复旦大学出版社，2000

5 纪燕萍，张婀娜，王亚慧．21 世纪项目管理教程．北京：人民邮电出版社，2002

6 纪燕萍，王亚慧，李晓鹏主编．中外项目管理案例．北京：人民邮电出版社，2002

7 纪燕萍，王亚慧，李晓鹏主编．项目管理实战手册．北京：人民邮电出版社，2002

8 白思俊等．现代项目管理概论．北京：电子工业出版社，2006

9 中国项目管理研究委员会．中国项目管理知识体系与国际项目管理专业资质认证标准．北京：机械工业出版社，2008

10 ［美］豪根（Haugan，G. T.）．有效的工作分解结构．北京：机械工业出版社，2005

11 ［美］施瓦尔贝（Schwalbe，K.）．IT 项目管理．邓世忠等译．北京：机械工业出版社，2004

12 ［美］维尔朱（Verzuh，E.）．项目管理：模板、解决方案与最佳实践（第 2 版）．刘霞等译．北京：电子工业出版社，2006

13 Richard Luecke，Managing Projects Large and Small，Harvard Business School Press，2004

14 ［美］巴卡等．PMP：项目管理专家认证练习与解答．爱丁等译．北京：电子工业出版社．2003

15 ［美］格雷（Gray，C. F.），拉森（Larson，E. W.）．项目管理教程．王立文等译．北京：人民邮电出版社，2005

16 ［美］杰弗里 K. 宾图（Jeffrey K. Pinto）．项目管理（英文版）．机械工业出版社，2007

17 中国（双法）项目管理研究委员会．中国项目管理知识体系．北京：电子工业出版社，2006

18 中国建设监理协会．建设工程进度控制．北京：中国建筑工业出版社，2003

19 陈光健，徐荣初，叶佛容主编．建设项目现代管理．北京：机械工业出版社，2004

20 ［美］库珀，辛德勒．商业研究方法（第 7 版）．郭毅，詹志俊主译．北京：中国人民大学出版社，2006

21 投资项目可行性研究指南编写组．投资项目可行性研究指南．北京：中国电力出版社，2002

22 刘伊生．建设项目管理（第 2 版）．北京：清华大学出版社，2004

23 谭崇台，郭熙保，邹薇主编．宏观经济学．北京：中国社会科学出版社，2000

24 朱志刚等. 财政投资评审指南. 北京：中国财政经济出版社，2002

25 成虎. 工程项目管理（第 2 版）. 北京：中国建筑工业出版社，2001

26 乌云娜等. 项目采购与合同管理. 北京：电子工业出版社，2006

27 梁军主编. 采购管理. 北京：电子工业出版社，2006

28 郑建国. 项目采购管理. 北京：机械工业出版社，2007

29 骆温平. 物流与供应链管理. 北京：电子工业出版社，2002

30 丁荣贵，杨乃定主编. 项目组织与团队. 北京：机械工业出版社，2005

31 范黎波. 项目管理. 北京：对外经济贸易大学出版社，2005

32 [美] 加里·德斯勒. 人力资源管理. 刘昕等译. 北京：中国人民大学出版社，1999

33 [美] 雷蒙德·A·诺伊. 雇员培训与开发. 徐芳译. 北京：中国人民大学出版社，2001

34 [美] 斯蒂芬·P·罗宾斯. 组织行为学（第 7 版）. 孙建敏等译. 北京：中国人民大出版社，2001

35 朱祖祥. 人类工效学. 杭州：浙江教育出版社，1994

36 罗云等. 安全经济学导论. 北京：经济科学出版社，1993

37 徐德蜀，邱成. 安全文化通论. 北京：化学工业出版社，2004

38 谢庆森，王秉权. 安全人机工程. 天津：天津大学出版社，1999

39 林泽炎. 人为事故预防学. 哈尔滨：黑龙江教育出版社，1998

40 袁昌明，王金国，于飞. 实用安全管理技术. 北京：冶金出版社，1998

41 符文琛等. 劳动安全与心理. 北京：中国标准出版社，1995

42 [加] 迪隆（Dhillon，B. S.）. 人的可靠性. 北京：宇航出版社，1991

43 杜栋. 信息管理学教程. 北京：清华大学出版社，2002

44 杜栋. 管理控制学. 北京：清华大学出版社，2006

45 陈国青，[德] 雷凯. 信息系统的组织、管理、建模. 北京：清华大学出版社，2002

46 [美] 玛丽·蒙特著，管理沟通指南——有效商务写作与演讲（第 7 版）. 钱小军，张洁译. 北京：清华大学出版社，2007

47 薛华成主编. 管理信息系统（第 3 版）. 北京：清华大学出版社，2002

48 闪四清. 管理信息系统教程. 北京：清华大学出版社，2003

49 王晓奇，郭晔主编. 管理信息系统. 西安：西安交通大学出版社，2003

50 赖茂生主编. 信息资源管理教程. 北京：清华大学出版社，2006

51 王宪磊. 信息管理论. 北京：社会科学文献出版社，2004

52 全国监理工程师培训教材编写委员会，全国监理工程师培训教材审定委员会. 全国监理工程师培训教材——工程建设信息管理. 北京：中国建筑工业出版社，1997

53 李日保. 现代物流信息化. 北京：经济管理出版社，2005

54 [美] Robert M. Thomas. 局域网实用手册——计算机联网指南. 陈奇岩，杨继红等译. 北京：电子工业出版社，1996

55 贺正楚，文先明. 信息沟通与企业危机管理研究. 长沙：湖南人民出版社，2006

56 苏勇，罗殿军主编. 管理沟通——工商管理硕士（MBA）教材. 上海：复旦大学出版社，1999

57 周中胜. 职场完全沟通百法. 广州：广东经济出版社，2006

58 ［美］约翰·雷克斯. 项目文档管理指南. 费琳，张祖成译. 北京：电子工业出版社. 2006

59 陆卫明，李红. 人际关系心理学. 西安：西安交通大学出版社，2006

60 鲜继清，张德民，蒋青等. 现代通信系统与信息网. 北京：高等教育出版社，2005

61 国际项目管理协会. 国际项目管理专业资质认证标准. 中国（双法）项目管理研究委员会译. 北京：电子工业出版社，2006

62 中国（双法）项目管理研究委员会，中国信息产业商会，中国电子信息产业发展研究院. IT 信息化项目管理知识体系与国际项目管理专业资质认证标准 iPMBOK2004. 北京：电子工业出版社，2004

63 中国软件评测中心. 计算机信息系统集成项目管理基础. 北京：电子工业出版社，2004

64 中国软件评测中心. 计算机信息系统集成项目管理实践. 北京：电子工业出版社，2004

65 计雷等. 突发事件应急管理. 北京：高等教育出版社，2006

66 常凯. 中华人民共和国劳动合同法释义. 北京：中国劳动社会保障出版社，2007

67 生青杰主编. 工程建设法规. 北京：科学出版社，2004

68 俞宗卫主编. 建设工程法规及相关知识实用指南. 北京：中国建材工业出版社，2006

69 赖一飞，夏滨，张清. 项目管理学. 武汉：武汉大学出版社，2006

70 乌云娜等. 项目管理策划. 北京：电子工业出版社，2006

71 何伯森主编. 国际工程合同管理. 北京：中国建筑工业出版社，2005

72 甘华鸣主编. 项目管理. 北京：中国国际广播出版社，2003